一看就懂的心經

心經

〔手寫心經
祝福增訂版〕

無苦集滅道，無智亦無得，以無所得故，菩提薩埵。

依般若波羅蜜多故，心無罣礙，無罣礙故，

無有恐怖，遠離顛倒夢想，究竟涅槃。

三世諸佛，依般若波羅蜜多故，

得阿耨多羅三藐三菩提，

故知般若波羅蜜多是大神咒，

是大明咒，是無上咒，是無等等咒，

能除一切苦，真實不虛，故說般若波羅蜜多咒，

即說咒曰：「揭諦，揭諦，波羅揭諦，

波羅僧揭諦，菩提薩婆訶。」

心經（ㄒㄧㄣ ㄐㄧㄥ）

觀自在菩薩，行深般若波羅蜜多時，

照見五蘊皆空，度一切苦厄。

舍利子，色不異空，空不異色，

色即是空，空即是色，受想行識亦復如是。

舍利子是諸法空相，不生不滅，不垢不淨，

不增不減，是故空中無色，無受想行識，

無眼耳鼻舌身意，無色聲香味觸法，

無眼界，乃至無意識界，無無明，

亦無無明盡，乃至無老死，亦無老死盡，

　　觀世音菩薩依據佛陀無上智慧（波羅蜜＝菩薩道＝布施、持戒、忍辱、精進、闡定、智慧，以下相同）修行到達正信正覺、無煩惱、佛的境界時，照見人的肉體（色即物質）和心的作用（受想行識即精神）都沒有固定不變的存在（空性），因此得以遠離一切苦難與災厄。舍利子，世界上一切物質現象（色）都具有空性，空性與一切物質現象沒有差別，物質現象等於空性，空性等於物質現象。同時，人的感受、想像、行動、體認（精神）也同樣具有空性。舍利子，因為這個世界上所有存在的事物都具有空性，所以也就沒有實在的生，也沒有真正的滅；沒有真正的污垢，也沒有實際的潔淨，不會增加也不會減少。因此，處在空性狀態下也就沒有永遠固定不變、永遠存在的物質（色），沒有永遠固定不變、永遠存在的感受、想像、行動、體認（精神），沒有固定不變、永遠存在的眼耳鼻舌身意（六根），也沒有永遠固定不變、永遠存在的形色、聲音、香臭、味覺、觸覺與意識（六境）。凡人從眼睛所看到的世界一直到意識界（十八界）也都同樣沒有永遠固定、永遠不變的存在（空性）。

　　同時，小乘認為人因為無知而身陷十二因緣輪迴的想法並非真實，小乘要以還滅觀斷盡生死輪迴亦非真實，因此也就沒有十二因

緣，從無明一直到老死的痛苦存在，當然也就沒有小乘所說十二因緣老死還滅的存在。同時，也沒有小乘強調「苦集滅道」所謂四諦的存在。大乘的菩薩修行菩薩道圓滿佛陀智慧（波羅蜜）與普度眾生而達已悟與已得佛的境界而不自滿。

同時，大乘的菩薩在修行菩薩道（波羅蜜）的結果，心中沒有任何煩惱，由於心中無煩惱緣故，也就沒有任何恐怖畏懼，因此能夠遠離不合理的思想行為與執著，而達到完全解脫（涅槃）佛陀的境界。

過去、現在、未來諸位佛陀，依佛陀智慧修行菩薩道（波羅蜜）的緣故，得到至高無上的正覺。因而知道，佛智慧的菩薩道，是無上智慧的咒語（真言），是至高無上的咒語，是無可比擬的咒語，能夠遠離一切苦惱與災厄，一切因果都是真實而非虛幻的。

因此就以咒語禮讚智慧菩薩道（波羅蜜）說：「去吧！去吧！到達佛界（彼岸），用諸多法門到達佛界，圓滿完成正覺正道！」

心經導讀

　　「心經」雖然只有二六〇字，卻是大乘佛法的精要。對於有志研究佛學的信眾而言，心經可以視為佛學入門經典，也可說是一部簡要的佛學概論。

　　然而，佛學博大精深，意義深遠，具體而微的心經欲將其說明得深入而淺出，實在非常困難。筆者參酌中日佛教高僧大德諸多著作，即已深有感觸。

　　有鑑於此，研讀心經前，如能先就心經的組織架構有具體概念，則對於瞭解心經也就事半功倍了。

【心經持誦方式與功效】

　　持誦心經的方式與功效，是根據千餘年前玄奘法師在「大唐西域記」所記載，以及國內外心經信徒及相關書籍印證，可以歸納重點如下：

　　持誦的功效：心情平靜、不再執著、好善樂施、臨危不亂、逢凶化吉、解脫惡介、心無罣礙、無有恐怖、克服困境。

　　持誦方式：心裡暗唸、看經誦讀、背誦、抄寫經文。

筆者於多年前加入佛教團體，接受師兄和師姐的建議：首先，在睡覺前誦讀心經數遍，誦讀完畢就說「迴向給冤親債主、家人甚至於過世的咪咪、汪汪……」很快就發覺到，很少會做惡夢；甚至有時候碰到類似鬼壓床的狀態，只要放鬆身體、口誦心經，立即見效。其次，筆者到醫院健檢看病，無論量血壓、照胃鏡、小手術，口誦心經緊張心情立見舒緩。讀者可以依照個人習性，所處環境，不論白天或晚上皆可口誦心經，自行選擇。古人說「心誠則靈」，無論您信教與否，持誦心經功德大！

心經是大般若經600卷的濃縮！

先瞭解心經的組織架構，

可加速對心經的體認！

目錄 Contents

第三部　玄奘法師

第四部　心經字帖

　　七〇年代，筆者負笈北上，擔任公職，週日閒暇習慣前往重慶南路追求新知。偶然在商務印書局翻閱玄奘大師的「大唐西域記」心生歡喜，當即購置如獲至寶，其後公餘閒暇逐字研讀，遇有地名即購置地圖對照。

　　書中記載玄奘大師於貞觀三年（西元六二九年）為了徹底了解佛經真諦，決定西行前往印度最負盛名的佛教大學「那爛陀寺」追隨戒賢法師追求真理。當時玄奘大師二十六歲，僅憑雙腳步行五萬里，三年到達印度。學成後，遊學遍及全印度，往返共計十七年，途經大小國一一〇餘。由於「大唐西域記」文字艱深，西遊往返，所見所聞描述多有難解，特別以途經國名地名，迄今已千餘載，物換星移，人物全非。對照地圖參酌相關書籍，也如霧裡看花，似懂非懂。唯獨留下「玄奘大師為追求真理，隻身翻山越嶺，強渡荒漠，數度面臨死亡危機，均靠持誦心經安渡難關」印象深刻。

　　九〇年代中期，筆者擔任銀行駐日代表，址設東京，書店遍布。期間購得日文白話版「大唐西域記」，對照中文展讀，前惑盡解。同時購入數本「心經」日文版，再三研讀。終於領悟到：佛經三千部，佛教派別亦多。諸多佛教經典中，能夠為各國佛教廣為

持誦者，獨為玄奘大師所譯二六〇字「般若波羅蜜多心經」，且已深入民間，廣為人知。

何以心經能有如此魅力？仔細探討始知，大乘佛教六〇〇卷「大般若經」精髓，俱濃縮於二六〇字心經中。心經末段尚且附加密教咒語真言。無論誦讀或抄寫心經，均可感受心經法力，微妙無邊。

凡此妙用並非誑語，實以當年玄奘大師西行途中，數度面臨死亡危機，均賴持誦心經，安渡難關，乃一再強調心經妙用。

有鑑於此，筆者乃大量蒐集臺日高僧大德心經著作，將心經予以口語化，務求淺顯易懂；女兒寧蓁則以插畫傳神，冀期相得益彰；書末則可抄寫心經，功德無量。近年來，國人面對M型社會，就業創業益形艱難，後復以全球深受心冠肺炎疫情所苦，未知何時可了。面對巨大壓力，何妨師承玄奘大師西行毅力，克服困厄，隨時持誦或抄寫心經，屏除一切苦痛！

本書得以再行三版，承蒙凱信出版社曾董事長文旭及全體編輯部人員鼎力支持，特致謝忱。

觀自在菩薩，行深般若波羅蜜多時，照見五蘊皆空，度一切苦厄。舍利子，色不異空，空不異色，色即是空，空即是色，受想行識亦復如是。舍利子，是諸法空相，不生不滅，不垢不淨，不增不減。是故空中無色，無受想行識，無眼耳鼻舌身意，無色聲香味觸法，無眼界，乃至無意識界，無無明，亦無無明盡，乃至無老死，亦無老死盡，無智亦無得。以無所得故，菩提薩埵，依般若波羅蜜多故，心無罣礙；無罣礙故，無有恐怖，遠離顛倒夢想，究竟涅槃。

第一部
基本知識

　　般若心經在臺灣、日本及中國大陸等地方極為普及，很多人都能倒背如流，或早晚持誦回向親友，或遇困境時持誦求安，但多數人卻一知半解，非常可惜。

　　對於般若心經和佛教的相關知識，諸如：

　　　・佛教的誕生與派別

　　　・佛教經典的來源與心經關聯

　　　・心經的種類與架構

　　　・心經的說法者與特性

　　　・心經的持誦與法力

　　有必要確切加以理解，以便於進一步瞭解心經的真諦。

佛 01
佛教的誕生

（1）釋尊與佛教

釋迦牟尼於兩千五百年前誕生於印度北邊尼泊爾境內的釋迦小王國為王子，相傳因乘馬出城門目睹嬰兒、老人、病人與死人，感受生老病死無常而於二十九歲出家。

經過六年苦修後，於三十五歲之年在菩提樹下頓悟成佛，旋即在各地現身說法，迄八十歲過世（入滅）止，未曾間斷，佛教因而誕生，並逐漸普及各國。

（2）佛陀的稱呼

佛陀的梵文為Buddha，佛陀為梵文的音譯，意指「覺者，悟道者」。原始佛教認為佛陀只有釋尊一人，其後隨著佛教的普及與多元化，佛陀已非釋尊所專屬，例如大乘佛教認為，凡人如行菩薩道亦可成佛；並認為過去世、現在世、未來世各有千佛，甚至有億萬佛。

佛 02

佛教經典來源

　　佛陀自三十五歲悟道迄八十歲入滅期間，四十五年間雲遊四方進行傳道，迄佛陀入滅前未見有任何經典存在（與我國至聖先師相同）。佛陀傳道重視因才施教，因此有八萬四千法門的說法。

　　佛陀入滅後，生前說法均靠師徒口誦方式留傳。其後以摩訶迦葉為首的佛教團，為防佛陀說法逸失，並統合教團，乃率五百阿羅漢在王舍城集會，對於：

・記錄佛陀終生說法的內容──經藏

・佛陀所定佛教團的紀律──律藏

・對佛陀說法內容的各種見解──論藏

　　加以確認，經律論三藏因而完成。當時印度雖有文字，然而對於神聖的佛教經典仍靠口誦傳承，一直到紀元前一世紀始有文字記載的經典（阿含經）出現。

經藏　　律藏

論藏

佛 **03**
佛教的派別

（1）印度佛教的派別與興亡

佛陀入滅後百餘年教團分裂為二：

部派佛教	部派佛教亦有許多派別，以小乘「說一切有部」最為出名。此派認為萬物實有存在，採實在論。
大乘佛教	紀元前後為批判「部派佛教」而誕生大乘佛教，以中觀派、瑜珈行派（唯識學派）為主，採空性中道觀，認為萬物沒有固定不變的存在（空性），般若心經的空性思想可為代表。

大乘佛教與部派佛教千餘年間共存，迄十二世紀，部派、大乘佛教在印度滅亡。

（2）亞洲佛教的承傳與盛行

十二世紀佛教雖然在印度消滅，可是期間傳播到東南亞小乘佛教及中日韓台及西藏的大小乘佛教、密教則承續不斷，並且日漸普及興盛。

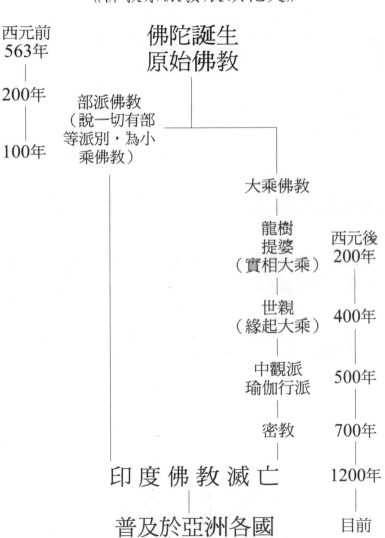

《佛教宗派發展演化史》

西元前
563年

佛陀誕生
原始佛教

200年

部派佛教
（說一切有部
等派別，為小
乘佛教）

100年

大乘佛教

龍樹
提婆
（實相大乘）

西元後
200年

世親
（緣起大乘）

400年

中觀派
瑜伽行派

500年

密教

700年

印度佛教滅亡

1200年

普及於亞洲各國

目前

04
佛教的南傳與北傳

（1）佛教的滅亡與重生

佛陀入滅二百年，印度阿育王統一全國後弘揚佛法，太子摩哂陀出家傳道錫蘭（現為斯里蘭卡），佛教其後經由錫蘭傳至緬甸、泰國、高棉、寮國，迄今益愈鼎盛，稱為「南傳佛教」。

阿育王在位期間佛教教團，雖分裂為中天竺（稱為大眾部，主般若）與北天竺（稱為上座部，主阿含）除傳入南方外，亦傳北方與紀元前一世紀出現的大乘佛教分為二路：

一路 印度→阿富汗→中亞→中國→蒙古→韓國→日本

二路 印度→尼泊爾→西藏→中國→越南

一般稱為「北傳佛教」。

（2）南傳佛教以小乘為主

小乘佛教自利山林，而北傳佛教則含大乘及小乘，大乘佛教則以利己利他為主。

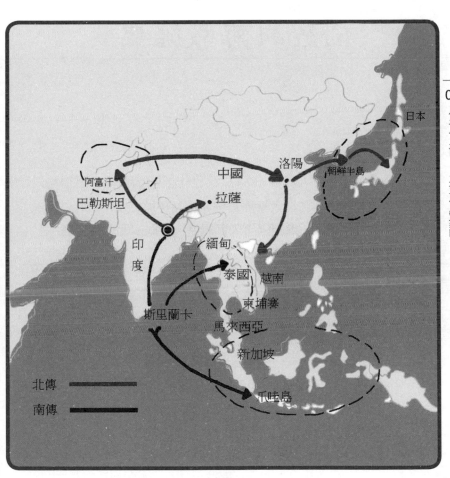

日本

洛陽

中國

朝鮮半島

阿富汗
巴勒斯坦

拉薩

印度

緬甸

泰國

越南

柬埔寨

斯里蘭卡

馬來西亞

新加坡

爪哇島

北傳

南傳

《佛教弘法路徑圖》

(1) 佛教自佛陀入滅後，佛陀說法多依印度傳統宗教哲學均以口誦相傳，其後大乘佛教興起，為便於弘法，乃將口誦改以文字記載，佛經因而大量編撰，並向南北廣為流傳。

(2) 據悉佛教經典上千部，其中以漢譯「般若經」字數達百萬，內容六○○卷最為巨大。同時，「般若經」也是紀元前後興起的大乘佛教最具代表性的經典。

(3) 全文二六○字的「般若波羅蜜多心經」（簡稱「心經」）原則上係摘取自上列「般若經」的中心思想。但是，心經最後一段的咒語則是來自密教的經典，所以心經是大乘和密教精華的巧妙結合。

(4) 至於心經的作者不明，一般認為作者應為精通大乘經典的密教高僧，將大乘般若精義與密教咒語法力巧妙予以結合。

般若波羅蜜多心經

觀自在菩薩，行深般若波羅蜜多時，
照見五蘊皆空，度一切苦厄。
舍利子，色不異空，空不異色，
色即是空，空即是色，受想行識亦復如是。
舍利子是諸法空相，不生不滅，不垢不淨，不增不減，
是故空中無色，無受想行識，無眼耳鼻舌身意，無色聲香
味觸法，
無眼界，乃至無意識界，無無明，亦無無明盡，
乃至無老死，亦無老死盡，
無苦集滅道，無智亦無得，以無所得故，菩提薩埵。
依般若波羅蜜多故，心無罣礙，無罣礙故，無有恐怖，
遠離顛倒夢想，究竟涅槃。
三世諸佛，依般若波羅蜜多故，得阿耨多羅三藐三菩提，
故知般若波羅蜜多是大神咒，是大明咒，是無上咒，是無
等等咒，
能除一切苦，真實不虛，故說般若波羅蜜多咒，
即說咒曰：「揭諦，揭諦，波羅揭諦，波羅僧揭諦，菩提
薩婆訶。」

06 心經的版本和譯者

（1）心經的發源地

心經源自印度，並以梵文撰述，然而目前印度已無原始梵文經典，而梵文手抄本的心經，則出現在尼泊爾、日本；梵文音譯本則出現在西藏和敦煌。

（2）梵文心經的漢譯本

依據唐朝「開元釋教錄」佛經目錄所載心經漢譯本計有十一種，其後日本在大正十三年出版「大正新修大藏經」考證後減為七種，譯者如次：鳩摩羅什、玄奘、法月、般若‧利言、智慧輪、法成、施護等高僧。

目前廣為各國流傳誦讀者為玄奘法師漢譯本，取其簡明具體之故。

《心經的七種漢譯本》

	經典	譯者	完成時間 （西元年）
1	摩訶般若波羅蜜大明咒經	姚秦鳩摩羅什	412
2	般若波羅蜜多心經	唐玄奘	649
3	普遍智藏般若波羅蜜多心經	唐法月	739
4	般若波羅蜜多心經	唐般若・利言	790
5	般若波羅蜜多心經	唐智慧輪	850
6	般若波羅蜜多心經	唐法成	856
7	佛說聖佛母 般若波羅蜜多心經	宋施護	980

心經的說法主

（1）心經的外國版本

心經的版本除前述漢譯七種以外，西藏、蒙古、尼泊爾均有心經的外國版本，直接自印度梵文譯介。

至於心經的說法主究竟是誰？實際上印度梵文心經原文有繁簡二版，繁雜版心經中的說法主為釋迦牟尼佛，簡易版心經的說法主為觀世音菩薩。說法主也就因此而有二種。

（2）中日韓及臺灣 目前盛行漢譯玄奘法師的簡易版本

東初老和尚認為，玄奘法師簡易本簡明扼要，大乘精髓及小乘咒語兼備，觀世音菩薩復廣受大小乘及民間喜愛，奉為心經說法主當廣受尊崇愛戴。

禪定中

悟道

說法

一看就懂的圖解心經

(1) 心經雖僅有二六〇字，前半部將大乘佛教的中心思想「空」簡要具體闡述。後半部則以密教慣常咒語讚頌大乘經典與前半巧妙結合。東初老和尚將心經依其內容列示架構如次：

【前半部】

・序論 —— 觀自在菩薩……度一切苦厄。

・本論 —— 舍利子，色不異空……得阿耨多羅三藐三菩提。

【後半部】

・結論 —— 故知般若波羅蜜多……菩提薩婆訶。

(2) 心經前半部敘述大乘佛教的中心思想（空性），後後半部則以密教咒語歌頌前半部的功德，前後部相互呼應。

心經前半部

大乘佛教
中心思想「空」

心經後半部

密教咒語「法力」

東初老和尚

心經為大乘佛經的精華

　　由右表《各漢譯高僧佛經譯卷數占有率》可以看出，玄奘法師翻譯卷數幾占所有漢譯經書的一半，可是部數七十四部為總計一一二四部經書的百分之八。這是因為玄奘法師所譯經書多為上百卷的「瑜伽師地論」、六百卷的「大般若經」等卷數巨大的經典所致。

　　根據日本松本文三郎博士研究，「佛教藏經」共計有一一二四部，五〇四八卷。玄奘法師獨力翻譯所有經書卷數的四分之一，而且，玄奘自貞觀十九年（西元六四五年）五月開始譯經，迄龍朔三年（西元六六三年）十月的十七年半間，每年平均翻譯七十五卷，每月約六卷。由此可以看出玄奘法師佛學造詣高深、毅力超然的一般。

　　玄奘法師自西元六四五年（唐貞觀十九年）返國開始翻譯佛經，迄西元六六四年入寂止，共計翻譯佛經七十四部，卷數則達一三三八卷。

　　值得重視的是，漢譯佛經以玄奘法師翻譯的般若經六〇〇卷規模最大，也是大乘佛教最具代表性的重要經典。而全文二六〇字的心經則又可視為具體而微、簡要精華的般若經，極為可貴。

《各漢譯高僧佛經譯卷數占有率》

漢譯高僧	部數	卷數	占有率%
鳩摩羅什	73	384	7.5
真　諦	49	142	2.7
不　空	111	143	2.7
法　護	175	354	6.9
義　淨	61	239	4.6
◎玄　奘	74	1,338	26.4
其　他	581	2,488	49.2
合　計	1,124	5,048	100.0

一看就懂的圖解心經

　　心經除了具體而微的般若心經袖珍版為眾人景仰經典外，據東初老和尚的說法，佛教任何宗派未有不讀心經者，研究佛學的信眾亦甚尊重心經，且為流傳民間最為普及深入者，其緣由為：

◎ 簡明——般若經六〇〇卷，而心經僅為二六〇字。

◎ 易於誦讀——經文較為淺顯，例如「色即是空，空即是色」，且易於背誦。

◎ 含義深遠——例如「是諸法空相，不生不滅，不垢不淨」明詮真理，可是含義卻極深遠。

◎ 慰藉人心——結論為密教咒語，誦讀可得慰藉與振奮人心的效力。

心經普及的理由：

- 僅有260字

- 經文淺顯易背誦

- 含義深遠明真理

- 密教咒語有振奮人心效力

共卷可無得，

羅蜜多，以無所得故，菩提薩埵，

觀自在菩薩，行深般若波羅蜜多時，得故，菩提薩埵，

心無罣礙，無罣礙故，菩提薩埵，無有恐怖，

照見五蘊皆空，究竟涅槃。一切苦厄。

夢想究竟涅槃。

舍利子，色不異空，空不異色，

色不異空，空即是色，受想行識亦復如是。

空即是色，空即是色，受想行識亦復如是。

刹字是諸法空相，不生不滅，不垢不淨，不增不減。

無受想行識，無眼耳鼻舌身意，無色身，

是故空中無色，

乃至無意識界，無無明，

無眼界，

乃至無老死，亦無老死盡，

亦無老死盡，

無所得故，菩提薩埵。

第二部
心經譯註

　　般若波羅蜜多心經一般稱為心經，心經的漢
譯版本共有十一種，而一般認為玄奘大師的譯文
最為簡潔流暢，目前在中日韓等國的佛教界及民
間廣為持誦流傳。

　　心經之所以廣受持誦的原因之一是因為經文
僅有二六○字，簡潔易誦。可是由於心經是六
○○卷「般若經」的濃縮，也是大乘經典的精華
與密教巧妙結合，因此，心經內容看似淺顯，實
則含義深奧。時則漢字譯介，時則梵文音譯，佛
學大師知之甚詳，一般民眾讀來則顯艱深難懂。

　　為便利一般民眾瞭解，本書特別鑽研諸多高
僧大德的見解，予以融會貫通，以淺顯易懂的文
字加以說明，並配合插畫提示重點，方便讀者持
誦閱讀與理解。

（1）佛教經典一般說來，都有一定的組織架構，分別為：

· 序　分＝序論

· 正宗分＝本論

· 流通分＝結論

（2）「心經」雖然只有二六〇字，卻能將大乘佛教代表經典六百卷的「大般若經」，具體濃縮而又不失原意，極為珍貴。同時，二六〇字的「心經」仍然保有一般經典序論、本論、結論的完整架構，尤其難能可貴。

　　此外，一般認為，千餘年前出現的「心經」作者不明，惟應屬密教高僧將大乘般若取其精華，結合密教咒語，將大乘經典密教化，此一結合加持大乘理論業力。

般若波羅蜜多心經

序論

觀自在菩薩，行深般若波羅蜜多時，
照見五蘊皆空，度一切苦厄。

本論

舍利子，色不異空，空不異色，
色即是空，空即是色，受想行識亦復如是。
舍利子是諸法空相，不生不滅，不垢不淨，不增不減，
是故空中無色，無受想行識，無眼耳鼻舌身意，無色聲香味觸法，
無眼界，乃至無意識界，無無明，亦無無明盡，
乃至無老死，亦無老死盡，
無苦集滅道，無智亦無得，以無所得故，菩提薩埵。
依般若波羅蜜多故，心無罣礙，無罣礙故，無有恐怖，
遠離顛倒夢想，究竟涅槃。
三世諸佛，依般若波羅蜜多故，得阿耨多羅三藐三菩提，

結論

故知般若波羅蜜多，是大神咒，是大明咒，是無上咒，是無等等咒，
能除一切苦，真實不虛，故說般若波羅蜜多咒，
即說咒曰：「揭諦，揭諦，波羅揭諦，波羅僧揭諦，菩提薩婆訶。」

「心經」具備佛教經典完整組織架構，加以文字精簡，因此成為最具代表性的經典。

「心經」的組織架構，自古以來因觀點不同而有不同的詮釋，然而聖嚴法師在「心經新釋」書中將心經分類如次：

（一）	序論		
（二）	本論	1. 理論門	(1) 人間觀
			(2) 宇宙觀
			(3) 三世因果觀
		2. 實踐門	(1) 修行法
			(2) 理想境
（三）	結論	1. 禮讚文	
		2. 護持文	

般若波羅蜜多心經

序論	觀自在菩薩，行深般若波羅蜜多時，照見五蘊皆空，度一切苦厄。
人間觀	舍利子，色不異空，空不異色，色即是空，空即是色，受想行識亦復如是。
宇宙觀	舍利子是諸法空相，不生不滅，不垢不淨，不增不減，是故空中無色，無受想行識，無眼耳鼻舌身意，無色聲香味觸法，無眼界，乃至無意識界，
三世因果觀	無無明，亦無無明盡，乃至無老死，亦無老死盡，無苦集滅道，無智亦無得，
修行法	以無所得故，菩提薩埵。依般若波羅蜜多故，心無罣礙，無罣礙故，無有恐怖，遠離顛倒夢想，究竟涅槃。
理想境	三世諸佛，依般若波羅蜜多故，得阿耨多羅三藐三菩提，
禮讚文	故知般若波羅蜜多，是大神咒，是大明咒，是無上咒，是無等等咒，能除一切苦，真實不虛，
護持文	故說般若波羅蜜多咒，即說咒曰：「揭諦，揭諦，波羅揭諦，波羅僧揭諦，菩提薩婆訶。」

佛 01

觀自在

語譯：觀世音【菩薩】

一看就懂的圖解心經

（1）梵文為avalokitesvara

・avalokita 為觀看

・svara 　　　為音　　　　　＝觀世音

・isvara 　　　為自在　　　　＝觀自在

（2）西元四〇二年鳩摩羅什譯為「觀世音」，六四九年玄
　　　奘大師譯為「觀自在」，亦有譯為觀音。

　　　東漢時，來自西域的鳩摩羅什首先將梵文Avalokitesvara
譯為觀世音，二百年後，唐朝的玄奘法師則譯為觀自在，其後
觀世音因與唐太宗李世民的世字同名，因避諱而改稱觀音。到
目前為止，三種譯名均有採行，不過民間多以觀音稱呼。譯名
不同、意義上亦略有差別，例如觀世音是指菩薩「聽」到眾生
的音聲立即加以救助，即「聞聲救苦」，並且觀「看」世間眾
生苦難即發大慈悲心，所以觀世音側重於語業。如果進一步妙

用身口意「三輪」，順應眾生要求，意發大慈悲，口說法教化，身行救濟，都可自由自在則稱為觀自在。不過，無論觀世音或觀自在，都能救苦救難，相應大慈大悲救世的宏願。

佛教諸多菩薩中，觀世音菩薩向來為僧俗所景仰，不但諸多佛教經典禮讚觀音，大小乘及密教多以觀世音菩薩為信仰對象，民間膜拜觀世音之普及則更不待言，可見大慈大悲觀世音菩薩，受到僧俗景仰愛戴之一般。

402年鳩摩羅什譯為觀世音

649年玄奘大師譯為觀自在

現在一般翻譯成觀音

本名：avalokite'svara

番外篇：
唐太宗李世民當時下令禁止人名之中用「世」或「民」，所以觀世音就變成觀音。

一看就懂的圖解心經

佛 02

菩薩

語譯：上求佛道下化眾生的人

（1）菩薩是「菩提薩埵」的簡稱，為梵文bodhisattva的音譯。

    •bodhi（菩提）意指「追求佛理達到覺悟」

    •sattva（薩埵）是指「人」

（2）菩薩是指追求佛理有成的大乘修行者，發願以廣度眾生得佛道為終極目標。

  菩提薩埵是指依佛陀所示，潛心修行，追求佛理得到正覺的人，菩提薩埵一般簡稱為菩薩，也稱為覺有情者。依心經的觀點，菩薩是指得到正覺的人，並且積極教化眾生，以實行自利利他為理想的人。所以簡單說，菩薩就是上求佛道、下化眾生的人。

  佛教一般可分為大乘佛教和小乘佛教二種，大乘佛教的修行是採取上求佛道（自利）和下化眾生（利他）的方法，也就是積極修行布施、持戒、忍辱、精進、禪定、智慧（六波羅蜜）的菩薩道，並且發慈悲心以普渡眾生，以追求自利利他為目標。相形之下，小乘則只求自利山林，以己度為目標。所以

在小乘的經典如阿含經等經書中都無談及菩薩，只見聲聞乘說。至於大乘經典如般若經、法華經、華嚴經等，則到處談及菩薩。

廣度眾生　　　追求佛理　　潛心修行

行深般若波羅蜜多時

語譯：實踐無上智慧到達無煩惱境界時

一看就懂的圖解**心經**

（1）行深：積極實踐

（2）般若的梵文為prajna（俗語panna）

- ‧pra　　　　　　終極
- ‧jna　　　　　　智慧
- ‧般若指無上智慧

（3）波羅蜜多的梵文為paramita

- ‧param　　　　　彼岸
- ‧ita　　　　　　到達

波羅蜜多指到達無煩惱佛的境界（彼岸）

　　行是修行，深般若是相對淺般若來說，淺般若是指凡人，小乘依其知識進行推理判斷的法則，領悟因果事理的智慧，可視之為相對的智慧。深般若則以宇宙本體或依正信（正確信仰）來觀悟天地佛界真理的智慧，這是唯一絕對的智慧，為相對智慧所無法比擬的。波羅蜜多是說觀世音菩薩依絕對的智慧，積極依六波羅蜜（即菩薩道：布施、持戒、忍辱、精進、禪定、智慧）修行，照見宇宙本體真理，完成自利利他妙行，而到達無煩惱的境界時。

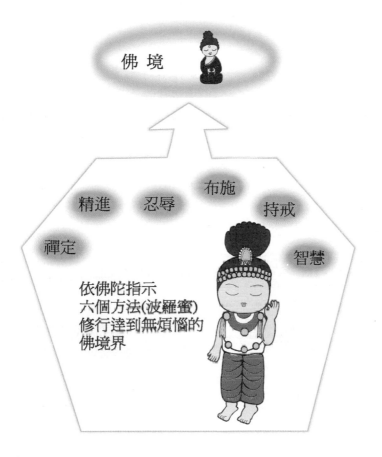

註：行六波羅蜜菩薩道時，必須秉持智慧來修行，舉例來說，不久
　　前有一位年逾七十的獨居老人，將他所有的存款一百萬元全部
　　捐給慈善機關作為救災之用。這位老先生的布施精神可嘉，可
　　是如果依波羅蜜的智慧想一想，將來如果有一天老先生健康情
　　況欠佳，需要外籍看護照料，而他有限的月退俸不夠用怎麼
　　辦？也就是說，凡人在布施行菩薩道時，應該用智慧量入為
　　出，計算未來需用額度才是正途。

一看就懂的圖解心經

04

照見五蘊皆空

語譯：領悟到精神與物質的本質是空的

（1）五蘊是指：

◎ 受 — 感受（冷、熱、痛、樂）

◎ 想 — 念頭（好、壞、大、小）

◎ 行 — 行動（有意識的行動）

◎ 識 — 認知（判斷、分別、認識）

◎ 色 — 肉體及外在一切（心經中多指人的肉體）

受想行識為精神，色則為物質。

（2）空是說「物質」在某些原因或條件具足而存在，然而
卻會因時空而改變，因此，實體不變的物質是不存在
（空性）的，精神也一樣具有空性。

　　觀世音菩薩照見了五蘊皆具空性，五蘊是指色蘊、受
蘊、想蘊、行蘊、識蘊。色是指人的肉體，也就是物質，這個
色蘊是由地、水、火、風四大要素所組成，而四大要素是抽
象性的說明地為堅性，水為濕性，火為暖性，風為動性，一旦
這四大要素（因緣）具足物質自然形成。至於受想行識則是指
人的精神作用，例如，受就是人對於外界的感受，比如天氣

冷、熱，日子過得痛苦、快樂。想則是念頭，比如我們覺得某人很好、某人很壞，吃的蛋糕很大或很小。行就是有意識的行動，比如存錢買名牌皮包，買喜歡的起士蛋糕。識則是認知，比如捐款救人，買票排隊，君子愛財取之有道等等。

心經認為五蘊（物質、精神）由於緣聚而生，緣散而滅，其雖存在卻隨時變化，由生而滅。因此，人的肉體及其心的作用存在終將變化具有空性，所以人不要執著。

物質

色-外在

空

精神

受-感受　　　想-念頭

行-行動　　　小 < 大　識-認知

物質和精神都會改變，
沒有永久不變的存在（空性）。

05

佛

度一切苦厄

語譯：脫離一切痛苦和災難

一看就懂的圖解 **心經**

（1）苦：人有物質和精神的苦。

　　① 物質（肉體）的苦 ──
　　· 生老病死＝四苦
　　② 精神的苦 ──
　　· 求不得苦（升官、發財不成）
　　· 怨憎恚苦（仇人見面）
　　· 愛別離苦（父母過世、夫妻別離）
　　· 執五蘊苦（冤冤相報無了時）
　　　＝四苦

　　①＋②＝八苦

（2）厄：指火水風震等天災，及盜竊、戰爭、政變等人禍，
　　　即災難。

　　凡人自出生以後，即要開始面對一切苦厄，苦指痛苦，
人有物質（肉體）和精神的痛苦。「物質」的痛苦是說人一
出生即開始面對生、老、病、死的痛苦，事實上人一開始就

面對娘胎出生之苦，以及面對生存之苦。同時身體也開始成長、老化，其間不時承受病痛煎熬之苦。最後則撒手人寰面對死亡，而且不論老中青甚至幼兒。「精神」的苦是說，人有求不得苦、怨憎會苦、愛別離苦、執五蘊苦等四苦。物質的四苦是肉體的苦，精神的四苦則是外在環境引起的苦，合稱八苦。至於厄則是指水災、火災、風災、地震等天然災害，以及盜竊、戰爭、政變等人禍，也就是災難。心經認為人在修行後放下對於身體、心理的執著，證得五蘊皆空之後，面對任何痛苦災難也就能夠坦然面對、克服感受。

心經中從「觀自在菩薩……到度一切苦厄」為「序論」，說明凡人如果能用無上智慧修行菩薩道（六波羅蜜），並能瞭解五蘊的空性，不執著自我，就能如同觀自在菩薩，遠離一切痛苦和災難。

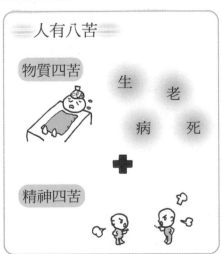

人有八苦

物質四苦

生 老 病 死

＋

精神四苦

瞭解八苦後，就能脫離一切痛苦和災難

06
舍利子

語譯：舍利子又稱舍利弗（為釋迦牟尼佛的十大弟子之一，人稱智慧第一）

（1）舍利子

　　梵文為Sāriputra，玄奘大師音譯為舍利子。Sāri（舍利）為印度鳥，眼睛銳利，舍利子的母親由於眼睛銳利而取名「舍利」，舍利的兒子（putra）就取名舍利子。

　　舍利子也稱為舍利弗，生於印度南部那爛陀寺近郊，出身為婆羅門階級（印度人依身份高低的階段制度分為：婆羅門、王族、庶民、奴隸，即印度特有的種姓制度），頭腦清晰，理解力超群。舍利子精通印度傳統教義，其後師事懷疑論者Sanjaya，並有弟子二五〇人，後來與弟子皈依釋尊，其後成為釋尊的十大弟子之一，人稱智慧第一。據說當釋尊年邁體力衰退，說法途中偶感不適即叫舍利子代為說法，其精通佛法、智慧超群可以想見。可惜舍利子中年病逝，情況與至聖先師孔子的弟子顏回類似。

　　大乘佛教的代表經典「心經」的聽法者，表面上為舍利子，實際上是以舍利子為諸多聽法者的代表來說法。以維摩經等為例，此類大乘佛教的經典中，舍利子表面上也是扮演

聽法者的角色。實際上在般若經相關經典中，舍利子也扮演
對話者的角色，顯示舍利子實係精通佛法，智慧超然、不可
忽視的比丘（出家人）。

聽了佛陀說法之後

印度婆羅門教　　皈依　　佛教

弟子250人

絕頂聰明
智慧第一

色不異空

語譯：一切物質現象和空性並無差別

（1）「色」為梵文（rūpa）的漢譯，就是物質：
- 廣義的色——係指外界所有存在的物質
- 狹義的色——則指人的軀體（心經多採狹義）

（2）「空」是說身體和萬物（物質）會隨著時空而改變，因此，實體不變的物質是不存在（空性）的，並不是說物質是不存在的。

梵語rūpa原指「色彩」、「形狀」，等同形形色色，漢譯為「色」是指宇宙所有存在的物質，包括顏色，以形狀顯現的方圓、長短、大小，微小的質子、中子，巨大的地球、太陽，以及人的肉體。心經中所說的色，主要是指人的肉體。

就空而言，心經認為上述「色」即是「有」，因此「有不異空，空即是有」，心經以非有非空，不偏於有也不偏於空的中道思想為主體。心經認為空是指物質的存在會隨著時空而變化。因此，一切物質現象都不離成、住、壞、空四態，人的肉體也不離生、老、病、死四苦，最後也就成空。

色不異空（等於空即是色）就人來說，在地、火、水、風四大要素具足而生，要素消失而滅，因此，這說明了人（肉體）的存在確實是有，然而，人假借四大要素（因緣）而生，為假有，凡人卻執著己身的假有為真有，不知老病死之將至，實際上人自出生以來，即難離四苦，物質（人、色）沒有永遠不變存在的空性真理，這就是色不異空。

色
廣義
宇宙
狹義 人

都是會變的，
沒有永遠不變的存在
這就是空性。

色 ＝ 空

08 空不異色

語譯：空性和一切物質現象並無差別

（1）空性是說物質是在因緣條件具足下所產生，但是，物質包括身體和萬物都會隨著時空而改變，因此，實體不變的物質是不存在（空性）的，並不是說「物質是不存在的」。

（2）狹義的色是指人的軀體，試想人本無軀體，然而「地、水、火、風」四大要素互為因緣，從而使人生、老、病、死，實體與時具變（空性），所以空性也就與色沒有差別。

　　水在自然界的表現形式為雨、雪、霜、霧、冰、水蒸氣等。水蒸氣人們眼睛看不見，但空中的水氣是存在的。一旦因緣具足，那麼水蒸氣可能變成霧、雲、雨，進一步降雨而匯入河流甚至大海。此外，原來是一片一無所有的空地，後來在人類群聚群力的合作下，蓋成房子，這也是因緣和合的現象。又如911事件，世界貿易大樓在一瞬間就消失了，證明了空和一切物質現象沒有差別，色身的人也是一樣。

 色 ≠ 不存在

物質沒有永久不變的存在，
而是會隨時變化

例如：

911事件，世界貿中心大樓在一瞬間就消失了！

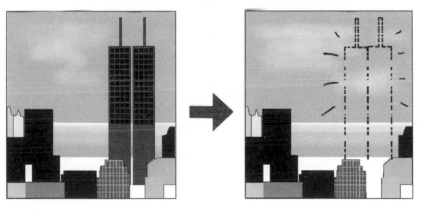

空 ＝ 色

佛 09

色即是空

語譯：一切物質現象都具空性

060

一看就懂的圖解心經

（1）從而使人生、老、病、死，實體與時具變（空性），
所以空性也就與色沒有差別。

（2）前面經文所列「色不異空、空不異色」易讓人覺得色
（物質）是存在的，而空則代表沒有，是不存在的，
產生誤解，所以釋尊還要再強調「色即是空」，以免
令人誤解為虛無主義。

種子成樹、花開花謝都會因為時間而改變，四季化育萬
物都有其生滅的現象，一切的物質都會隨著時間而變化，都
是暫時存在於世間的。人類以眼耳鼻舌身感應世界的變化，
認為物質是長存的，所以容易留戀物質的暫時存在，並且認
為這是真實的。

「色即是空」與「空不異色」相同，都是說明一切物質都
具空性，沒有永久不變的存在。

曇花一現

5分

40分

60分

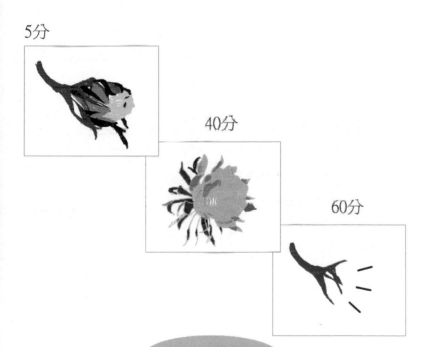

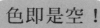
色即是空！

空即是色

語譯：空性就是一切物質現象

（1）上一句「色即是空」已經再度強調色（身體與萬物）
是物質，隨著時間不斷變化，本質不變的物質是不存
在（空性）的，但並不是說物質是不存在的。

（2）大乘佛教為了強調色並不是不存在的，因此，經文就
再說明「變化的物質」是存在的。

　　真空妙有乃色之本，萬物生生滅滅循環不已。物質會互
為幻化，就像石油可以提煉出很多物質，讓我們生活更為便
利，但是只要東西被做出來都有一定的壽命，只是從一種形
式轉化為另一種形式，生生滅滅的一切都是色，所以空色是
一體的。

　　並且，強調「不斷變化的存在（空）」就是物質（色）。

空　＝　色

空＝沒有永久不變的存在

色　＝　一切物質現象隨時在改變

高昌國

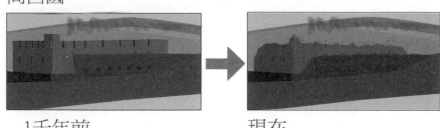

1千年前　　　　　　　現在

受想行識

語譯：感受、想像、行動、體認

（1）受想行識為人的精神作用：

　①受（vedana）－指人對於外在環境引起的精神反應，
　　　　例如：冷熱、苦樂、快慢等。

　②想（samjna）－指人的感覺、知覺概念化，例如：
　　　　好惡、黑白、高低等。

　③行（samskara）－指人經思考而付諸的行動，例如：
　　　　購物消費、燒香禮佛。

　④識(vijnana)－指人經六根、六境的體認，包括：

　◎六根：眼、耳、鼻、舌、身、意。

　◎六境：色、聲、香、味、觸、法。

（2）受想行識（精神）與色（物質）合稱五蘊。

受想行識是凡人（色）的精神作用，「受」使人感受到冷熱、苦樂、快慢；「想」使人感覺好惡、黑白、高低；「行」讓人去購物、消費、燒香禮佛；「識」則讓人透過六根六境而有各種的體認。

事實上，凡人的受想行識因為充滿了個人的執著（我

執），因此，凡人的精神作用也就充滿了自我主觀的感覺、情緒與意識，與凡人誤認肉體假有為真有相同。相較之下，開悟的人因為已去我執，也就沒有個人先入為主的精神作用，因此受想行識也具空性。

佛 12
亦復如是

語譯：也都一樣具有空性

（1）佛教認為人類組成可分別為五蘊，就是色蘊、想蘊、行蘊、識蘊。

（2）「色」為物質，就是肉體（這是指狹義的色）。

「受、想、行、識」為精神作用。

（3）前面說過：受想行識＝精神＝心＝空。

心經以色蘊（物質，指人的肉體）、受蘊、想蘊、行蘊、識蘊（精神）的五蘊法來觀察空性，並一再強調色、受、想、行、識都沒有固定不變的存在，都具有空性的真理。

舍利子，色不異空，空不異色，色即是空，空即是色，受、想、行、識，亦復如是。這是心經的人間觀。

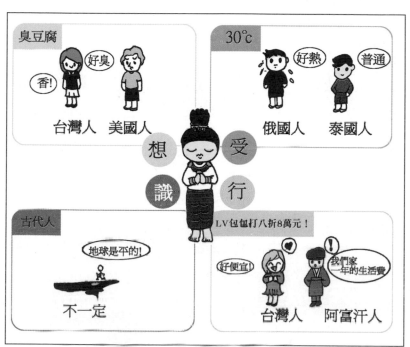

都具有空性！

佛 13 是諸法空相

語譯：因此世界上所有存在的事物都具有變化的空性

一看就懂的圖解 **心經**

（1）諸法的法（dharma）是指：「存在的事物」。

　　・諸法是指：「世界上所有存在的東西」

（2）心經的「諸法」即採五蘊法，包括：

　　① 精神：受想行識（右圖）

　　② 物質：色（肉體及外在一切事物）

　　諸法＝存在的事物＝精神物質

（3）諸法空相：精神物質都會變化（空性）。

　　7~12（色不異空、空不異色、色即是空、空即是色、受想行識亦復如是）為心經的人間觀，是以人的肉體（色蘊）和精神作用（受想行識四蘊）的五蘊法，來說明空性。

　　13~20（是諸法空相、不生不滅、不垢不淨、不增不減、是故空中無色、無受想行識、無眼耳鼻舌身意、無色聲香味觸法）則為心經的宇宙觀，是進一步以宇宙時空的五蘊法等（包括宇宙的組織三要素：五蘊、十二處、十八界，亦即宇宙的三大分類，又叫三科）來印證宇宙都具空性。換言之，此一世界上所有存在的事物可分為三種（三科），三種

事物的存在都具有不斷變化的空性。因此，世界上所有存在
的事物都具有不斷變化的空性。

不生不滅

語譯：沒有實在的生，也沒有真正的滅

（1）前面所說的是以「人類身心」（色、受想行識）的五
　　　蘊法來看「空性」。

（2）是諸法空相及本句以下，則改變為以「時間空間」的
　　　五蘊法、十二處、十八界即三科來看「空性」。

　　凡人以「時間空間」的觀點來看事象就會有生有滅的感
覺，例如：阿里山的櫻花在春天開花形成花海，不久櫻花散
盡，長出新芽，夏天綠葉一片，秋天綠葉轉紅，冬天樹葉掉
落並變成枯木，春天葉長，旋即又含苞綻放。從櫻花生滅的
案例來看，我們凡人眼中看來櫻花有生有滅。

　　心經以時間空間的五蘊法看則是生滅都非真實，都具空
性，實際上為不生不滅。這是因為諸法自性為空，也就是無
自性，且無固定性，既不見其生，亦不見其滅，沒有實在的
生，也沒有實在的滅，這就是心經中道觀。

櫻花樹的一生

春天
花開了！

冬天
葉子凋零

夏天
長出綠葉了！

秋天
開始落葉

佛 ⑮ 不垢不淨

語譯：沒有污垢也沒有潔淨

(1) 凡人以其執著立場看俗世事象就自然會產生喜愛與厭惡：

  ・「喜愛」看事物就覺潔淨

  ・「厭惡」看事物就覺污垢

(2) 菩薩基於諸法空相觀點上，認為一切物質皆具空性，
並無絕對的潔淨與污垢，也就是不垢不淨。

例如印度人視「恆河」為聖河，因此，常見恆河上有死
豬死狗漂流，有人覺得很髒，但是，有人卻在河旁淋浴淨
身，覺得河水很乾淨。也有很多人，吃飯和上完廁所都用
手，我們會覺得不衛生，可是有人卻吃得津津有味，也不覺
得不衛生。

進一步說，垢就是污垢，就是令人煩惱的污垢狀態，淨
就是潔淨，就是令人解脫煩惱的狀態，依照上列(1)、(2)所
述，凡人因為以執著立場看事物就產生垢淨的感覺，菩薩則
基於諸法空相的中道觀，既不見垢，亦不見淨。

恆河並沒有真正的垢或淨

佛 16

不增不減

語譯：不會增加也不會減少

（1）佛教認為：

　　·就宇宙空間的質量而言，地球的質量不會增加也不會減少。

　　·就生物的精神而言，地球上的生物來自他方世界，來去結果，就大千世界而言也是不增不減。

（2）佛教所指世界超越地球而有所謂大千世界，無論物質與精神就整體而言：「不增加也不減少」。

　　佛教的立場認為宇宙浩瀚無邊即大千世界，物質因緣聚而生，緣散而滅，無永遠的生滅。就地球上人類而言是由地、水、火、風四元素組成，人死後四大元素分離，回歸地球，所以地球質量不增不減。精神則從他方世界來和去，就大千世界而言也是不增不減。

　　就拿天空來說，會因為氣候變化而產生晴、雲、雨、颱風、閃電的現象，但是一旦雨過天晴，天空仍然是天空，沒有一分一毫的增減。地球上的水也是一樣，河海水份蒸發成雲，雲層形成再下雨流入河海，循環不已，不增不減。

愛因斯坦物質不滅定律 $E = MC^2$

地球的水不增加、不減少

是故空中無色（一）

語譯：因此，在空性狀態中也就沒有固定不變存在的物質（色）

（1）前面「諸法空相」是說，這個世界上所有存在的事物（物質、精神）實質上都具有改變的特性，就是「空」。

（2）本句「是故空中無色」接著說：

因此，既然世界上所有存在的事物都具有改變的空性，那麼也就沒有固定不變存在的物質（色）。

是故空中無色的「是故」，是說前面所講的原因，這個原因即「諸法空相」，就是說世界上所有存在的事物都不是固定不變的實體，而這種存在的方式即是「空」。因此，空中、無色才能夠存在。而「空中無色」也就是說，既然瞭解「空中」的真意，就明白了空性之中自然無「色蘊」可得。這個道理上面(1)、(2)二點簡要已加以說明了。

「空中無色」最具體的實例就是野柳的「女王頭」，四十年前到野柳去看的時候實在很像古代女王的頭部，看起來不但雍容華貴而且意氣風發。最近去看因為風化的關係，

頸部日益纖細，未來終將斷裂，已經失去了女王的架勢。這樣持續下去，女王頭終究會變成一片塵土，這就是真正的「空中無色」的明證了。

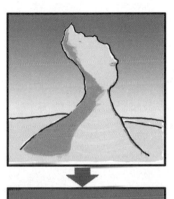

女王頭40年前

現在

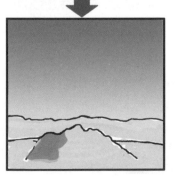

未來

17

佛 是故空中無色（二）

（1）小乘佛教認為構成宇宙的要素可分為三類：五蘊、
十二處、十八界均為具體實際的存在，也就是採具體
存在的宇宙觀，這就是小乘的三科存在論。

$$
三科（三類）\left\{
\begin{array}{l}
五 \quad 蘊 \\
十二處 \\
十八界
\end{array}
\right.
$$

（2）心經代表大乘佛教則以空（非實有存在）為中心思
想，在二六〇字的心經中使用二十一次「無」的否定
詞，針對小乘佛教上列三科存在論徹底予以否定。

　　佛陀在說明宇宙構成要素也就是宇宙諸法時，係採古印度
的五蘊、十二處、十八界三種（三科）分類法。就是將宇宙萬
有諸法分為三類：五蘊分類法、十二處分類法、十八界分類
法。後來小乘佛教將三科分類法予以哲學化、抽象化，視理論
概念為佛教真理，背離佛陀當初解說三科的空性真義。

　　為撥亂反正，心經首先綜合解釋「色」（身）、「受想
行識」（心），稱為五蘊。其次再將五蘊分解為六根、六境

（十二處）及六識（十八界），扼要解析。並且認為五蘊、十二處、十八界實具空性，深入鑽研仍不得正信正覺，仍需普渡眾生，行菩薩道始為正途。因此，心經乃二十一次以「無」來否定小乘佛教三科存在論的偏有思想。

五蘊	色		受		想		行		識		
十二處	眼	耳	鼻	舌	身	意	色	聲	香	味	觸 法
十八界	六根						六境				六識
	眼界 耳界	鼻界	舌界	身界	意界	色界	香界	味界	觸界	法界	眼識界 耳識界 鼻識界 舌識界 身識界 意識界

小乘的三科存在論
實際上具有空性

18

無受想行識

語譯：受想行識是心的作用，沒有本質固定不變的存在

（1）「是故空中無色，無受想行識」這一句中的「空」，是指前面「照見五蘊皆空」的「空」（即空性）。心經並就宇宙觀論斷說：「因此，在空性狀態下也就沒有色、受、想、行、識 —— 五蘊」。

（2）「無受想行識」進一步指出，受想行識是心的作用，屬於精神，也一樣沒有固有本質的存在。

舉例來說：

阿里山的櫻花在春天盛開，這叫 —— 色

當我們感覺到櫻花很美麗，這叫 —— 受

回到家時腦子裡都是櫻花，這叫 —— 想

忍不住去挖一小株做盆栽，這叫 —— 行

當我們看到時知道是櫻花，這叫 —— 識

「色」本不具固有不變的「空性」，是基於因緣而生，緣散即滅。因此，受、想、行、識也同樣沒有本質固定不變的特性，而同樣以空性的狀態存在。

從上例可以看出，除春天盛開的櫻花是「色」以外，其

他諸如感覺到櫻花很美的「受」，回家時滿腦子都是櫻花叫「想」，想挖一小株櫻花樹苗做盆栽叫「行」，看到時就認出是櫻花叫「識」等，是屬於心的作用。從前面所述已知道「色」是因緣聚而生，緣散而滅，「色」的存在本來就具有不斷變化的空性。因此，「受想行識」的存在也一樣具有不斷變化的空性。因此，本質上以固定不變狀態存在的「受想行識」是不可能存在的，所以心經強調無受想行識。

感到很美

受

看出它是 識
棵櫻花樹

想　閉起眼睛
想像一下

色

櫻花樹

行

挖一小
株做盆栽

受想行識是我們的心理作用
櫻花樹緣聚而生、緣散而滅，
心一樣會隨著時空而改變！

無眼耳鼻舌身意

語譯：眼耳鼻舌身意也沒有固定不變的存在

（1）眼耳鼻舌身意係指視覺、聽覺、嗅覺、味覺、觸覺神經與大腦，佛教總稱之為「六根」（六個感覺器官）。

（2）心經秉持般若經的精神，對於佛教不同教派「說一切有部」（小乘佛教）認為一切都存在（有）的基本教義一概以「無」、「不」予以否定，「六根」也不例外。

　　人的一切感覺都有其因緣，因緣生因緣滅，所有感覺都不是恆常的。比如聽到聲音以後，若聲音一直停留在耳邊，那麼，當別人講其他話，即使有其他聲音，也聽不到了！所以，聲音聽過就會消失，任何感覺也都會隨時間而變化。

　　因此，心經「六根」的「無」並不是說六根不存在，而是說六根由於因緣具足而存在，但是會一直改變，並隨因緣和合而聚，緣散而滅，也就沒有固定不變的存在（空性）。

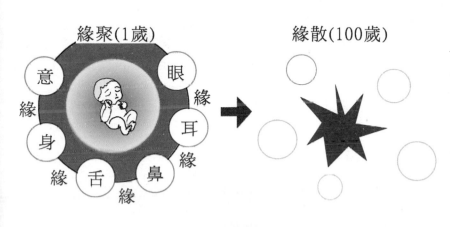

緣聚(1歲)　　　　　　緣散(100歲)

意　眼
緣　　緣
身　　耳
緣　　緣
　舌　鼻
緣　緣

眼耳鼻舌身意　　　　沒有固定不變的存在

20 無色聲香味觸法

語譯：形色、聲音、香臭、味覺、觸覺、意識也沒有固定不變的存在

一看就懂的圖解心經

（1）眼所見為「色」，耳所聽為「聲」，鼻所聞為「香」，舌所嚐為「味」，身所感者為「觸」，腦所思者為「法」，色聲香味觸法佛教稱為「六境」。

（2）「六根」是指人類身體的官能，「六境」則是指人類官能接觸外界的對象。六境係依存於六根而生，由於六根並沒有固定不變的存在，那麼六境自然也同樣沒有固定不變的存在（空性）。

　　人對於所有物質與非物質的感知都是變動不拘的，花開花香也是隨著時間的因緣和合而有所變化，花落時花香就會消失，這是自然的現象。所以，我們不能執著於花開花香的現象，這一切都是因緣際會和合的假象假有，而不是小乘佛教所認為的真有，因此心經要以無色聲香味觸法予以否定，而強調六境的空性。

無眼界

語譯：眼睛看到的世界也沒有固定不變的存在（空性）

一看就懂的圖解心經

（1）如上所述，小乘佛教的宇宙觀將宇宙要素分為三類：

$$
三類（三科）\left\{
\begin{array}{l}
五蘊 \\
十二處 = 六根 + 六境 \\
十八界 = 六根 + 六境 + 六識
\end{array}
\right.
$$

（2）三科的五蘊、十二處、十八界的分類法，是以人的認
識為中心，對世界一切事物與現象加以分類。

（3）「無眼界」及「乃至無意識界」是指十八界，從眼
界、耳界、鼻界、舌界、身界、意界、色界、聲界、
香界、味界、觸界、法界、眼識界、耳識界、鼻識
界、舌識界、身識界到最後意識界，乃至是說從眼界
以下到意識界都相同。

　　心經中使用「無」字的用意是在否定上列小乘佛教三科
實有存在論。心經採大乘佛教中觀思想，不承認固定不變實
體的我（自我），認為這些要素的共同作用才構成此一世界

各種現象，因緣而生，緣散而滅，各種現象均為假象，均具空性，當然十八界的宇宙觀也具空性。

小乘出家人

傳統佛教認為世界的構成要素分為三科：

五蘊：色受想行識

十二處：六根、六境

十八界：六根、六境、六識

事實上，
我們看到的世界（三科），
都不是固定不變的（空性）

佛22

乃至無意識界

> 語譯：從眼界到意識界的十八界，都不是固定不變的存在（空性）

一看就懂的圖解心經

（1）上列十八界依序為：

眼界→耳界→鼻界→舌界→身界→意界（六根）→色界→聲界→香界→味界→觸界→法界（六境）→眼識界→耳識界→鼻識界→舌識界→身識界→意識界（六識），十八界的第一界就是眼界。

（2）心經在論及多項要素的時候，在列舉第一項要素之後，其後常用「乃至」表示以下皆同，因此無眼界的下一句為「乃至」無意識界，其「乃至」是指：上列十八界，由眼界開始一直到最後的意識界為止而言。

我們往往被自己的眼、耳、鼻、舌、身、意所曚蔽而不自知，今既得聞佛法，就應捨棄自身的執著，努力修行達到覺悟的境界！

從「舍利子，是諸法空相，不生不滅……無眼界乃至無意識界」為止，是心經的宇宙觀。

從眼界到無意識界的存在，都不是固定不變的（空性）

不要忘了佛陀當初三科無性無我空的真理

23 無無明

語譯：人因為無知而陷入輪迴並不是真實的

（1）無無明的「明」是指「智慧」，「無明」是指「沒有智慧」，就是「無知」。

（2）佛陀依生物，特別是人的生成死滅的變化稱為「輪迴」，並將輪迴的緣起過程分為十二個階段，即「三世十二因緣」：

過去世 － － ① 無明 ② 行 ③ 識

現在世 － － ④ 名色 ⑤ 六入 ⑥ 觸 ⑦ 受 ⑧ 愛 ⑨ 取

⑩ 有

未來世 － － ⑪ 生 ⑫ 老死

用以顯示生命（人）的過去、現在、未來三世流轉的過程而已，換言之，佛陀積極說明十二因緣的因果順序，稱為流轉觀（請對照24.亦無無明盡）。

小乘卻認為人由於「無明」而生而老而死，若沒有「無明」，就可不生、不老、不死，所以小乘要斷無明了生死。心經則認為，十二因緣所呈現三世流轉現象均具不斷變化的

空性，並非真實，因此，無須去斷無明。

　　心經認為三世十二因緣是由於凡人我執所引起，凡人若知空性不執著無煩惱，就能瞭解無無明、無行、無識而無過去世的無明、行、識，就不會導致現在世的名色、六入、觸、受、愛、取、有。現在世既然沒有業力，當然就不會有未來世的生及老死。

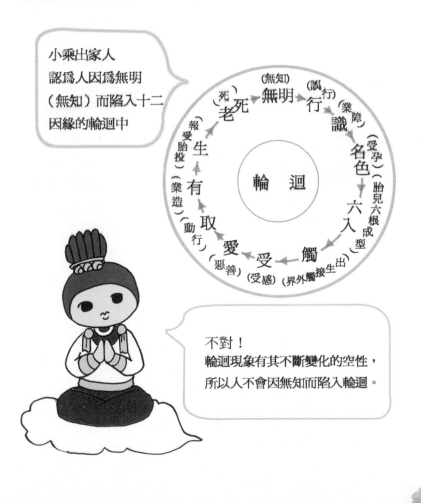

語譯：小乘以還滅觀斷盡生死輪迴也不
是真實的

（1）小乘並以消極態度解釋十二因緣的因盡緣滅，辯明如「無明」，因滅則「行」之果滅，一直到「生」因滅則「老死」之果滅，稱為還滅（盡）觀，因此要斷無明，脫輪迴。

（2）心經認為佛陀當初說明十二因緣非僅探討人類生老病死的苦源，重在斷盡苦源，悟得正覺。小乘不知佛陀本意，將十二因緣視為生成緣起的哲學，甚至將十二因緣視為說明生理成長過程，嚴重曲解。

心經為正本清源，除於 23 節（無無明）反駁流轉觀外，本節的亦無無明盡則反駁小乘還滅（盡）觀，說明一切皆具空性，因此，十二因緣的流轉觀是空的，十二因緣的還滅（盡）觀亦不存在。

佛經云「此有故彼有，此生故彼生」，說明了因緣的法則，例如，有生就有老，有老就有死。然而追求根源則為「無明」，導致生死不已。今則無無明，則可洞悉十二因緣的空

性，而不受十二因緣的束縛。同時，小乘強調欲斷無明還滅老死亦不存在。

乃至無老死

語譯：當然也就沒有十二因緣老死痛苦的存在

（1）小乘認為：十二因緣為人類產生痛「苦」的因果定律，換言之，人類產生痛「苦」的根本原因為「無明」（沒有智慧）。

「無明」使人類產生錯誤的體認與不當的行為，其後依據十二因緣向「苦」的方向流轉，最後則面臨十二因緣末的衰老與死亡痛苦的折磨。

行、識、名色、六入、觸、受、愛、取、有、生、老死的順時鐘方向流轉（順觀），最後必然面臨這十二因緣末的衰老與死亡（老死），痛苦與折磨（如右圖）。

（2）就十二因緣順觀來說，是把人的生命、何處來何處去，分為十二階段，每一個階段都互相連結。現階段的果，來自上階段的因，然後現階段的果又變成下一個階段的因，下一個階段變成果，再變成下下階段的因，如此循環產生了因果關係，叫做十二因緣。

（3）有認為凡人因為貪、瞋、痴而無明，而起煩惱，而陷入十二因緣輪迴中痛苦難離。小乘為脫離十二因緣輪迴痛苦，乃要斷無明、避老死、脫離十二因緣流轉、去煩

惱。如此循環產生了因果關係，叫做十二因緣。

（4）心經認為，解脫十二因緣的輪迴之道為瞭解「空性」
的真諦，破除無明，即可克服老死的痛「苦」。

　　十二因緣有順觀和逆觀二種，順觀為 ① 無明 ② 行 ③
識 ④ 名色 ⑤ 六入 ⑥ 觸 ⑦ 受 ⑧ 愛 ⑨ 取 ⑩ 有 ⑪ 生 ⑫
老死，輪迴不斷。逆觀則為 ⑫ → ⑪ → ⑩ → ⑨ → ⑧ →
⑦ → ⑥ → ⑤ → ④ → ③ → ② → ① 。佛陀當初說十二
因緣係為探討人生老病死煩惱根源，加以斷盡而證入涅槃無
煩惱妙境。心經則以空性中道觀，以「無」否定了十二因緣
傳統的教義。

既沒有無明，
當然也就沒有十二因緣、
老死的痛苦！

亦無老死盡

語譯：因此也就沒有十二因緣老死還滅
的存在

一看就懂的圖解 **心經**

（1）小乘認為十二因緣流轉就是生死不已，而生死來源則
為「無明」，因此小乘欲斷無明了生死，脫輪迴，進
而採行去「無明」因終而滅「老死」果的還滅（盡）
觀，誤入岐途。

（2）心經則強調十二因緣皆具空性，所以小乘執迷的流轉
觀具空性，並非真實，因此，小乘所堅持十二因緣的
還滅（盡）觀當然也具空性，從而十二因緣老死的斷
滅也不存在。

「空性」，打破去來、時間、空間等界線，也沒有生死
輪迴，進入空性就是進入覺悟的永恆境地，既然是證入不生
不滅的空性永恆，離開了一切的分別、妄想、對錯、批判、
臆測等心識的作用，就沒有盡與無盡的執著，而頓悟十二因
緣皆具空性，如此則可以免受輪迴之苦，自在於生死中，免
於煩惱。

自

　無明　行

老　死　　　　識

　　　　　　　　名色

在　生　有　　　　六入

　　取　　　　觸

　　愛　受

自

空

由

頓悟十二因緣

既爲空性

則可免受輪迴之苦

而自在於生死之中！

一看就懂的圖解 **心經**

（1）原始佛教及小乘將苦集滅道稱為四諦（真理）：

① 苦（諦）指人有生老病死愛怨求無等八苦（果）

② 集（諦）指人的八苦來自於無明造業的積集（因）

③ 滅（諦）指透過「八正道」的實踐可以解脫八苦（果）

④ 道（諦）指脫離八苦的正確修道（八正道）內容與方向（因）

苦集滅道四諦是說，人因為不道德造諸業 ② 而招致八苦 ①，② 為因，① 為果。同時，人若要解脫八苦 ③ 就必須修行八正道 ④，④ 是因，③ 是果。

（2）原始佛教認為，修行八正道 ④ 就可以遠離煩惱 ③，也不會造業 ② 而導致八苦 ①。小乘修行者，則要以嚴苛修行來滅苦、斷集、修道、證滅，即所謂「所作已辨，不受後有」，不入生死輪迴之苦。大乘佛教則認為，修行六波羅蜜（六度），藉由道德的實踐可以到達涅槃境界，遠離一切煩惱。

心經直接否定原始佛教及小乘的四諦概念，認為在般若
「空觀」之下，根本就無所謂「苦集滅道」四諦，如此才能
不離生死而不受生死束縛，得到解脫，到達理想境界。

「八正道」（正見、正思、正語、正業、正命、正精
進、正念、正定）的積極實踐即可以脫離八苦，這是原始佛
教的觀點。

無智亦無得

語譯：達到最高智慧及佛的境界卻不自喜與執著

（1）「智」是指智慧，般若以智慧至上，因此，「六度」即六波羅蜜：布施、持戒、忍辱、精進、禪定、智慧。其中，第六智慧為六度整體代表，修行六波羅蜜可得無上智慧，脫離煩惱。

（2）「得」是指到達佛的境界，菩薩修行六波羅蜜的目的，除為求正覺達彼岸外，仍不忘以最高智慧教化普渡眾生。菩薩雖已達佛的境界也已得到最高智慧，卻不沾沾自喜，也不執著，這是「心經」列示菩薩的最高境界。

　　釋迦世尊當初出家修道是為了追求真理解脫眾苦厄，後來終於圓滿正信正覺，獲得無上智慧卻不自喜，這就是真正的「無智」。同時度化眾生未曾懈怠，已證得佛果位卻不以得佛果位為目的，這就是真正的「無得」。

　　心經中，「無無明，亦無無明盡，乃至無老死，亦無老死盡，無苦集滅道，無智亦無得」為心經的三世因果觀。

我沒有什麼智慧，
也沒有成佛。

菩薩很有智慧，
分明已經成佛了！

語譯：由於菩薩修行已達佛界亦不自喜
執著的緣故

（1）本句中「所得」（prapti）不僅僅指「獲得」、「得
到」，而是具有「自覺」、「認知」的意味。具體而
言，是指已開悟而達佛的境界。

（2）「無所得」是說菩薩修行六波羅蜜，自覺已達佛的境
界而不沾沾自喜，仍然積極修行而不執著。

心經中「以無所得故」這一句係接在「是故空中無色，
無受想行識，無眼耳鼻舌身意，無色聲香味觸法，無眼界，
乃至無意識界，無無明，亦無無明盡，乃至無老死，亦無老
死盡，無苦集滅道，無智亦無得」之後。表示心經的空性中
心思想，說明一切法不說有所得，也就是不執著。不執著就
不會引起貪嗔痴產生煩惱，無煩惱也就是空性不執著的理想
境界。

「以無所得故……得阿耨多羅三藐三菩提」為佛教的
修行論，說明菩薩修行成佛的過程。經文前半「以無所得

故……究竟涅槃」說明修行菩薩道成佛的因，後半「三世諸佛……得阿耨多羅三藐三菩提」則說明佛的果位，前者為因，後者為果，這是指心經的修行法。

菩提薩埵

語譯：潛心修行追求佛理的人（菩薩）

（1）菩提薩埵為梵文bodhisattva的音譯。

　・菩提薩埵＝菩薩＝追求佛理潛心修行並普渡眾生的人

（2）菩薩一般都各具特色，以四大菩薩為例：

　・觀音菩薩＝聞聲救苦，慈悲第一

　・文殊菩薩＝追求智慧，文采出眾

　・地藏菩薩＝度盡眾生，始願成佛

　・普賢菩薩＝實踐佛法，身體力行

　　菩薩的職志各自不同，唯在成佛前均以普渡眾生，秉持無上智慧為目標，則相同。

　　菩薩是已經有甚深智慧的人，能夠看清虛幻不實的世間，對於一切幻相都能不為所動，然後再以這樣的智慧去教導迷戀三界幻境的芸芸眾生。具體說來，菩薩是指依據佛陀智慧行菩薩道（六波羅蜜），並且教化普渡眾生的人。

普賢菩薩

菩 潛心修行
追求佛理的人 薩

地藏菩薩

文殊菩薩

觀音菩薩

31

依般若波羅蜜多故

語譯：依據佛陀智慧修行菩薩道到達彼
　　　岸的緣故

（1）「般若」指佛陀智慧，「波羅蜜」指修行菩薩道，
　　　「波羅蜜多」（paramita）指因而到達佛的境界（彼
　　　岸，即成佛）的大乘佛教修行者。

（2）大乘佛教認為，菩薩修行成佛之道有六，一般稱為
　　　「六波羅蜜」：
　　　一、布施－－施惠他人
　　　二、持戒－－生活規律
　　　三、忍辱－－凡事容忍
　　　四、精進－－努力上進
　　　五、禪定－－精神專注
　　　六、智慧－－得真智慧
　　　實踐「六波羅蜜」就是行「六度」利他道德，救濟眾
生，因而得到四種效果，即「心無罣礙，無有恐怖，遠離顛
倒夢想，究竟涅槃」四種功德。

　　　也就是說修行者依據佛陀的智慧，修行六波羅蜜（菩薩
道），獲得正覺，並且度化眾生，因而脫離煩惱，沒有恐

怖，也沒有顛倒夢想，並且到達自在逍遙的彼岸，也就到達
佛的境界。

依照佛陀智慧
行菩薩道（六波羅蜜）的緣故

一看就懂的圖解心經

（1）「罣礙」是指物與物或人與人之間產生障礙或衝突，
　　　而導致心中憤怒不平。

（2）實踐菩薩道（六波羅蜜）時，就可得到第一種功德
　　　「心無罣礙」＝心無煩惱

（3）這是因為實踐六波羅蜜，得以：瞭解一切為「不生
　　　不滅、不增不減、不垢不淨」的真相。因此，信念堅
　　　定，逆境不屈，心無執著，心無煩惱。

　　　「心經」特別重視智慧，強調奉行六波羅蜜（代表六度
道德的般若智慧）所得到的成果，包括「心無罣礙」、「無
有恐怖」、「遠離顛倒夢想」與「究竟涅盤」的四種功德。
而第一種功德「心無罣礙」的「罣礙」是指物與物或人與人
間相互產生障礙或衝突。我們只要像「風鈴一樣」，不管是
涼風、熱風、冷風吹來，風鈴都一樣搖曳作響毫不執著，凡
人同樣也能得到心無罣礙的同一種功德。

知道一切都是

不生不滅　　不增不減　　不垢不淨

心中就沒有煩惱

無罣礙故

語譯：由於心中沒有煩惱的緣故

一看就懂的圖解心經

　　佛教認為，心無罣礙應該不僅止於心中沒有煩惱而已，而是應該像聖嚴法師所說：「心像萬里晴空：無風、無雲、無雨、無星辰，只有一片皎潔，一塵不染，充滿智慧。」

　　凡人若心中無所得，完全去我執，究竟空性，自然就沒有罣礙。換言之，沒有罣礙的人，就是沒有執著一切的人，既然不執著也就不會有煩惱了。沒有罣礙也就擺脫了一切高下、得失、是非、美醜等對待心理，也就是沒有任何牽絆的人了。

　　此外，「無罣礙故」因為和下一句「無有恐怖」有密切關聯，所以，對於導致我們心裡罣礙的原因包括：生了病、碰到困難、遭到災害、遇到討厭的事情、與愛人別離、步入老年、面臨死亡等等，必須坦然接受，而且要完全去我執，也就沒有罣礙了。

無有恐怖

語譯：沒有恐怖畏懼

一看就懂的圖解心經

（1）凡人如果依照六波羅蜜力行菩薩道，去除執著傲慢，拋棄心中煩惱，如此則可問心無愧立足社會毫「無恐怖畏懼」，這就是行菩薩道的第二種功德。

（2）佛經說初學的菩薩有「五畏」（五怖畏）：
① 惡名畏――怕惡名被人歧視 ② 惡道畏――怕死後下地獄③ 不活畏――怕布施多生活成問題 ④ 死畏――怕 ⑤ 不眾威德畏――大眾面前心虛。

　　事實上當人修行到能證諸法皆空，則內無自我，外無萬物，充分體會到內外皆空，自然就會去我執，沒有放不下的人事物，也沒有會讓我們覺得恐怖的人事物，那麼我們就不會感覺恐怖畏懼了。

沒有恐怖畏懼

常顛倒

我顛倒

凡夫的
四種顛倒

樂顛倒

淨顛倒

無常顛倒

修行者易犯
的四種顛倒

無我顛倒

無樂顛倒

不淨顛倒

一切都是不變的!

10年前

佛 35
遠離顛倒夢想
語譯：遠離不合理的思想行為與執著

一看就懂的圖解心經

（1）凡夫的顛倒叫我執＝「常、樂、我、淨」的思想

「常」：認為世上一切都是長久不變的（無常）

「樂」：把握當下及時行樂（樂極生悲）

「我」：我是獨立自存的（緣聚生緣散滅）

「淨」：我一直保持青春美麗（生老病死）

上列的思想行為其實是不合理（顛倒）的。

（2）小乘聲聞的顛倒叫法執＝「無常、苦、無我、不淨」的思想

「無常」：無視疲勞修行過度

「苦 」：無視無樂做得過頭

「無我」：厭離人間急入涅槃

「不淨」：修不淨觀以便成佛

上列的思想行為也是不合理（顛倒）的。

心經秉持大乘的般若中道觀的正信：「不厭生死、不欣涅槃」「亦常亦無常」「亦淨亦不淨」，因此得以遠離了凡夫及小乘聲聞四種顛倒。

夢想

顛倒

遠離不合理的思想行為與執著

語譯：完全解脫

（1）「究竟」依梵文原意係指：「完全」、「極限」、「究極」

（2）涅槃梵文為Nirvana：

　　・Nir：無、外、消

　　・Vana：動作、生活

「涅槃」為印度特有思想，婆羅門教、大小乘佛教均以涅槃為理想境界。

不過，婆羅門、小乘以為肉體滅亡諸苦即解，靈魂界天神我合一，這是「外道涅槃觀」。

心經秉持大乘佛教的中道觀，認為外道婆羅門教以厭世思想為主，希望將罪惡多苦的肉體滅亡，解脫靈魂，妄想生於天上，達成神我合一涅槃境界的觀點實為誤謬不實。小乘的涅槃觀則追求肉體滅盡，認為肉體死亡滅失則招感生死煩惱根源即除，佛法認為這是「灰身泯智」與外道都是假涅槃。

心經的大乘佛教中道觀認為，菩薩凡人立足現實世界，

潛心修行菩薩道（六波羅蜜），證得空性，斷去我執，自求解脫，去除煩惱，心無罣礙，來去自如，即得正覺，同時度化眾生脫離苦海，這才是真正（究竟）涅槃。

心經中從「以無所得故，菩提薩埵，依般若波羅蜜多故……遠離顛倒夢想，究竟涅槃」止，這是心經菩薩的「修行觀」。

不離現實人生
潛心修行

渡化一切眾生
達理想境界

涅
潛
心
修
行

槃
完
全
解
脫

理想佛界

佛

37

三世諸佛

語譯：過去、現在、未來的眾多佛陀

一看就懂的圖解**心經**

（1）「佛」的梵語為Buddha即「佛陀」，譯為覺者，心經指開般若智慧者而言。原始佛教認為「佛陀」只有一位，那就是「釋迦牟尼佛」。

（2）一直到大乘經典編成開始出現「三世諸佛」，並認為釋迦牟尼佛是「現代佛」，而現在菩薩未來必然成佛，佛即為「未來佛」。那麼過去也一定已有眾生成佛即「過去佛」，並認為三世各有千佛出世，甚至基於人人皆有佛性而有十方三世佛的說法。

　　三世諸佛，即超越時空的束縛，常於永恆境界的自由解脫之人。心經所說三世諸佛是指過去、現在、未來的眾多佛陀，這是佛陀的「時間觀」。此外大乘佛教「十方三世一切諸佛」的說法，根據這個說法從時間觀來看有三世諸佛，有時間就離不開空間，那麼從空間來看，也就必然會有十方諸佛存在，這是佛陀的「空間觀」。

心經的佛陀時間甚至空間觀，目的是在鼓勵廣大眾生，積極修行菩薩道，經由正信正行而得到正覺，將來也一定可以成佛。

過去佛 千佛

未來佛 千佛

現在佛 千佛

人人都有佛性
努力修行菩薩道
將來都可成佛!

38

依般若波羅蜜多故

語譯：依據佛陀智慧修行菩薩道的緣故

（1）依佛陀智慧修行菩薩道成佛方法有六：

　　一、布施－－施惠他人

　　二、持戒－－生活規律

　　三、忍辱－－凡事容忍

　　四、精進－－努力上進

　　五、禪定－－精神專注

　　六、智慧－－得真智慧

　　即「六波羅蜜」。

（2）玄奘法師所譯「成唯識論」則在六波羅蜜外加上：

　　七、方便－－因材施教

　　八、願－－誓言救人

　　九、力－－培養判是非正邪毅力

　　十、智－－修行得智慧

　　稱為「十波羅蜜」。

　　十方三世諸佛都有了知何為生死輪迴以及了知憂悲苦惱的智慧，都是了知生命實相而成為諸佛的。

依照佛陀智慧

行菩薩道（十波羅蜜）的緣故

十 波 羅 蜜

布施

持戒

用智慧 忍辱

精進

菩薩道救眾生

修 行

禪定

方便

願 力 智

成佛

得阿耨多羅三藐三菩提

語譯：得到至高無上的正信正覺

（1）阿耨多羅三藐三菩提是梵文anuttara-samyak-
sambodhi的音譯：

- anuttara＝阿耨多羅＝無上
- samyak＝三藐＝正確
- sambodhi＝三菩提＝完全覺悟

（2）得阿耨多羅三藐三菩提是說佛依正確的信仰進行正確
的修行，得到至高無上的正信正覺。

聖嚴法師強調「研究正信佛教經典即正確信仰（正信）
可產生正確的修行，正確的修行即可達成正確的覺悟（正
覺）即所謂菩提」。

依心經文中所載，先為「菩提薩埵……究竟涅槃」，後
為「三世諸佛……得阿耨多羅三藐三菩提」，是說菩薩修行
的果為涅槃，佛的果為菩提，只有佛能證菩提而得無上正
覺。然而菩薩在證得諸法空性，發願度一切眾生而不入涅
槃，最後仍以證得阿耨多羅三藐三菩提為目標。

心經中「三世諸佛，依般若波羅蜜多故，得阿耨多羅三藐三菩提」，為心經本論中的理想境。

正覺　覺悟　正信正行可以得到無上正覺

正行　修行

正信　佛性

40 故知般若波羅蜜多

語譯：因此知道得無上智慧到達無煩惱的境界

124

一看就懂的圖解**心經**

（1）般若梵文為prajna

pra 無上
jna 智慧 ｝無上智慧

（2）波羅蜜多梵文為paramita

param 彼岸
ita   到達 ｝到達無煩惱境界（佛的境界）

　　佛教經典末段一般都會附有結論，例如大般若經有「人非人等一切大眾聞佛所說，皆大歡喜，信受奉行」。法華經有「一切大眾皆歡喜，受持佛語，作禮而去」等，以此種結語的形式讚歎經文功德無量，聽法者法喜充滿，或書寫經文廣為流通，獲大功德。心經亦以禮讚文，讚歎此經有無量功德，經書架構因此結語而完備。

對岸（佛陀無煩惱界）

無上智慧

因此知道得無上智慧
到達佛陀無煩惱
絕妙境界

佛 41 是大神咒

語譯：是具有絕大神力的咒語（真言）

（1）「咒」又名Mantra（曼陀羅）指：

① 真言

② 神咒

③ 密咒

（2）曼陀羅（Mantra）原為印度婆羅門教慣用咒語，原始
　　佛教原則上不用咒語。迄大乘般若經典普及，秘密般
　　若部成立，始有咒語的融入。心經係採曼陀羅咒語，
　　以讚歎般若波羅蜜的無上智慧與功德。

　　心經的本論中一再強調大乘佛教空性的中觀思想，是正
信思想，具無量功德，因此乃採用密教咒語方式，以真言強
調心經具有絕大的神力。

摩訶般若波羅蜜多心經

觀自在菩薩　行深般若波羅蜜多時　照見五
蘊皆空　度一切苦厄　舍利子　色不異空
空不異色　色即是色　空即是色　受想行識
亦復如是　舍利子　是諸法空相　不生不滅
不垢不淨　不增不減　是故空中　無色無受
想行識　無眼耳鼻舌身意　無色聲香味觸法
無眼界　乃至無意識界　無無明　亦無無明
盡　乃至無老死　亦無老死盡　無苦集滅道
無智亦無得　以無所得故　菩提薩埵　依般
若波羅蜜多故　心無罣礙　無罣礙故　無有
恐怖　遠離顛倒夢想　究竟涅槃　三世諸佛
依般若波羅蜜多故　得阿耨多羅三藐三菩提
故知般若波羅蜜多　是大神咒　是大明咒
是無上咒　是無等等咒　能除一切苦　真實
不虛　故說般若波羅蜜多咒　即說咒曰
諦揭諦　波羅揭諦　波羅僧揭諦　菩提薩婆
訶揭諦

咒語（真言）大神力

般若波羅蜜多是
具有不可思議
神力的咒語

佛 42 是大明咒

語譯：是無上光明的咒語（真言）

（1）大明咒的梵文為 maha-vidya-mantra

・maha＝大

・vidya＝明

・mantra＝咒

（2）「大」是指無可比擬即「無上」

　　　「明」是指「真正智慧」即「正覺」

　　　「咒」是指「真言」

　　事實上，大明咒的「明」是相對於「無明」而言，「明」在心經中數度出現，「明」如上列（2）所述，是指「真正智慧」，也就是「正覺」。就大乘佛教來說，「正覺」等同「佛的境界」，可見「明」位階極高。此外，「小品般若波羅蜜經」即出現「明呪」（vidya）用語，意味著「真正智慧」即「正覺」必然產生巨大的威力，所以稱之為大明咒（真言）。

「大明咒」是指心經為「能破除黑暗愚癡，開放大光明大智慧的咒語（真言）」。般若波羅蜜多有如指引海上孤舟的燈塔，般若波羅蜜多也以大光明大智慧點醒三界無明的眾生。

是大明咒

指引方向

無上光明

般若波羅蜜多
是無上光明的咒語

是無上咒

語譯：是至高無上的咒語（真言）

（1）無上咒的梵文為nutara-mantra

　　・nutara＝無可超越的

　　・mantra＝咒語

　　・無上咒＝無可超越的咒語（真言）

（2）般若心經無上智慧博大精深且神力無邊，居一切咒力之上，無可超越，故讚歎為「無上咒」。

　　心經經典中無上咒的「無上」也就是一般所說的「至高無上」，例如，台北一〇一大樓在杜拜的貿易大樓尚未完工之前，為世界上「最高」的大樓，這就是心經所指「無上」的本意。

　　據說，「無上」一詞係源自印度的用語，用來表示最高級的含意。同時，「無上」與心經中所載阿耨多羅三藐三菩提的「阿耨多羅」（anuttara），意義完全相同。事實上，「無上」一詞在大乘佛教的經書中經常使用，例如「般若

一看就懂的圖解心經

經」或「法華經」等。其後，密教也逐漸採用此一「無上」
的概念，並且日益加以重視，所以說，般若波羅蜜多也是至
高無上的咒語，能夠讓顛倒眾生脫離苦海，永別生死，離苦
得樂。

般若波羅蜜多
是至高無上的咒語！

佛 44
是無等等咒
語譯：是無可比擬的咒語（真言）

（1）無等等咒的梵文為samasama-mantra

　　・samasama＝無可比擬

　　・mantra＝咒語（真言）

（2）般若心經無上智慧深不可測，神力無邊，自然為其他神咒所不能及，也是其他神咒所不能比擬，所以更讚歎為「無等等咒」。

　　依據密教解析心經的經典「般若心經秘鍵」所載，自大神咒迄無等等咒區別如下：

　　・是大神咒：聲聞（聽到聲音即能理解者）的真言

　　・是大明咒：緣覺（能獨自開悟者）的真言

　　・是無上咒：大乘（同時追求智慧與慈悲者）的真言

　　・是無等等咒：秘藏（所有成佛的說法者）的真言

　　上列四種真言仍以是無等等咒已達佛界的層次最高。

45

能除一切苦

語譯：能解脫一切煩惱與痛苦

（1）「能除一切苦」此句與心經序論中「照見五蘊皆空，度一切苦厄」相呼應。也就是將心經的終極目標「度一切苦厄」在結論中以「能除一切苦」貫通首尾。

　　所以：「能除一切苦」＝「度一切苦厄」

（2）心經力說秉持般若智慧行菩薩道，自度度人，斷除自他一切苦厄，這是般若最大的目的。

　　心經的禮讚文為「故知般若波羅蜜多，是大神咒，是大明咒，是無上咒，是無等等咒，能除一切苦，真實不虛」，這段文字主要在說明「般若波羅蜜多」的至高無上，「能除一切苦」。

　　接著，我們再　回頭看心經的序論，「觀自在菩薩，行深般若波羅蜜多時，照見五蘊皆空，度一切苦厄」。這段文字也是說明理解與實踐「般若波羅蜜多」，就可以「度一切苦厄」。

最後，我們重新看看本文（參照03）「行深般若波羅蜜多時」的說明就可以瞭解，當我們依據佛陀無上智慧積極修行六波羅蜜（布施、持戒、忍辱、精進、禪定、智慧，即菩薩道），一旦獲得正覺，就可以到達無煩惱的彼岸（佛的境界），就可以「度一切苦厄」，也能夠「除一切苦」。

所以，理解並積極修行「般若波羅蜜多」可以「除一切苦」，也就是「度一切苦厄」。

46

真實不虛

語譯：真實而不虛假

（1）心經本文中以「五蘊皆空」的「度一切苦厄」與「能除一切苦」相對應已如前述。

（2）本句則再強調「般若波羅蜜多」的因，始有「除一切苦」的果的因果關係，並說：

「因果關係是真實而不是虛幻的」。

人生的一切現象，就像夢幻般不真實，也像泡泡一樣轉瞬就破了，或如清晨的露珠、天空的閃電，即刻就消失了。但是，般若波羅蜜多是真實不虛的。

「故知般若波羅蜜多，是大神咒，是大明咒，是無上咒，是無等等咒，能除一切苦，真實不虛」，這段真言是心經結論的禮讚文。

上面說的

都是真的

佛 47

故說般若波羅蜜多咒

語譯：因此以咒語讚歎般若波羅蜜多

一看就懂的圖解心經

（1）心經經典的主軸在說明大乘佛教空性的中道觀（參右圖右方），而心經經典的結語，則是採用大乘密教的咒語，也就是密教真言來禮讚（參右圖左方）心經主軸闡述大乘佛教空性中道觀的偉大。

（2）故說般若波羅蜜多咒可以分解為：

1 故：因此

2 說：讚歎

3 般若：無上智慧

4 波羅蜜多：行菩薩道

多是行，波羅蜜指六波羅蜜：布施、持戒、忍辱、精進、禪定即所謂菩薩道，也就是說行菩薩道。

5 咒：真言

咒語，即大乘密教的真言。

亦即，因此用咒語讚歎以佛陀智慧行菩薩道。

　　心經經典係以大乘佛教的空性中道觀為思想中心，並以般若波羅蜜的無上智慧為真言咒語，用以讚歎其智慧與功德。

般若波羅蜜多心經

（大乘）

觀自在菩薩 行深般若波羅蜜多時 照見五
蘊皆空 度一切苦厄 舍利子 色不異空
空不異色 色即是色 空即是色 受想行識
亦復如是 舍利子 是諸法空相 不生不滅
不垢不淨 不增不減 是故空中 無色無受
想行識 無眼耳鼻舌身意 無色聲香味觸法
無眼界 乃至無意識界 無無明 亦無無明
盡 乃至無老死 亦無老死盡 無苦集滅道
無智亦無得 以無所得故 菩提薩埵 依般
若波羅蜜多故 心無罣礙 無罣礙故 無有
恐怖 遠離顛倒夢想 究竟涅槃 三世諸佛
依般若波羅蜜多故 得阿耨多羅三藐三菩提

（密教）

故知般若波羅蜜多 是大神咒 是大明咒
是無上咒 是無等等咒 能除一切苦 真實
不虛 故說般若波羅蜜多咒 即說咒曰 揭
諦揭諦 波羅揭諦 波羅僧揭諦 菩提薩婆
訶

所以用咒語（真言）來讚嘆般若無上智慧（心經）

語譯：就開始唸誦咒語

　　心經結論中「揭諦揭諦……菩提薩婆訶」咒語以中文音譯與梵文原音比較，可看出發音差別的巨大。

揭（ㄐㄧㄝ）諦（ㄉㄧ）揭（ㄐㄧㄝ）諦（ㄉㄧ）
波（ㄅㄛ）羅（ㄌㄨㄛ）揭（ㄐㄧㄝ）諦（ㄉㄧ）
　　　gate　　gate　　　paragate

波（ㄅㄛ）羅（ㄌㄨㄛ）僧（ㄙㄥ）揭（ㄐㄧㄝ）
諦（ㄉㄧ）菩（ㄆㄨ）提（ㄊㄧ）薩（ㄙㄚ）
婆（ㄅㄛ）訶（ㄏㄜ）
　　　parasamgate　　　　bodhisvaha

　　一般認為，唸誦心經「揭諦揭諦，波羅揭諦，波羅僧揭諦，菩提薩婆訶」咒語如以梵音發聲，念力效力將大增，不妨一試。

揭諦 揭諦 波羅揭諦
波羅僧揭諦 菩提薩婆訶

大聲唱誦咒語

揭諦 揭諦

語譯：去吧 去吧

（1）揭諦是梵文的音譯

揭（ㄐㄧㄝ）諦（ㄉㄧ）＝gate＝去

「揭諦」有去、到之意

（2）事實上，真言密教意觀佛智、口唱真言、手結佛印、
行坐範佛、即身成佛。心經秉此信念，故採音譯。

玄奘法師從印度取經回國後，即著手翻譯佛教經典，而
在將梵文經典翻譯為中文時，有五種情況下採取音譯：

・其一，為維護咒語神祕願力：

例如「揭諦揭諦」等密教咒語，短句咒語稱為曼陀羅
（Mantra），長句的咒語稱為陀羅尼（Dharani），咒語原
為印度婆羅門教所採用，大乘佛教在密教化後開始採行，心
經即是一例。

・其二，一字或一詞多義易滋混淆者：

例如「薄多梵」一詞具有六種涵義者，也直接採取音

譯，以免混淆。

‧其三，為中國所未見、無法理解者：

　　例如「閻浮提」一物為中國所未見者，即採直譯，與中國的「臭豆腐」無法以英文意譯相同。

‧其四，古來已有譯名且深植人心者：

　　例如「阿耨菩提」早有譯名，且已普及。

‧其五，不譯反見其珍貴崇高者：

　　例如「菩提」譯為智慧則有失原味之感。

波羅揭諦

語譯：到達佛的境界

（1）波羅的梵文為：

・para＝彼岸＝頓悟的世界＝佛界

（2）波羅揭諦（參照48）咒語的意思是說到達彼岸，也就是到達佛陀的世界。

波羅揭諦同樣也是印度梵文的音譯，如前所述，般若波羅蜜多為心經的中心題材。般若是指智慧，而「波羅」（para）則是「彼岸」，也就是「佛的境界」。

由於我們依照佛陀的智慧修行菩薩道，其最終目的是想到達彼岸。換言之，我們必須從迷失的花花世界（此岸），努力修行，以便到達佛的境界（彼岸）。

波羅（彼岸）與般若波羅蜜多關係密切，因為，想到達波羅（彼岸）就必須依佛陀智慧（般若）修行菩薩道（六波羅蜜，即六度），證得空性並普度眾生，最後終得正覺到達佛的境界即彼岸。

51

波羅僧揭諦

語譯：用諸多法門修行到達彼岸

（1）波羅僧揭諦的梵文為：

para sam gate

① para＝波羅＝彼岸

② sam＝僧＝眾　①＋②＝諸多法門

③ gate＝揭諦＝到達

所以整句咒語的意思是：「用諸多法門修行，並自度度人，到達彼岸」

（2）彼岸指無煩惱境界，也就是佛的境界。

佛教的經典，例如心經或禮讚的咒語（真言），常以固定的句型出現，時有相同的表達方式重複出現，或是僅以句型部分變化連續出現。前者可以心經中的「揭諦揭諦」為代表，而後者就如本句的「波羅僧揭諦」了。

而本句「波羅僧揭諦」真言的涵義如上列(1)、(2)所述，是說菩薩用諸多法門修行，自度度人，得到正覺到達無煩惱的佛境。

換言之，大乘菩薩修行六波羅蜜（菩薩道），意在自度度人，並用諸多法門修行，最後帶領眾生，獲得正覺，到達彼岸。

佛52

菩提

語譜：悟道

（1）菩提的梵文為bodhi：

　　・菩提＝bodhi＝悟道＝佛的境界

（2）「菩提」就大乘佛教而言，係指悟得佛陀真理，獲得
　　真正智慧，遠離煩惱，免於恐懼的覺者（佛）。

（3）另一方面，「菩提」與「般若波羅蜜多」同格。
　　菩提佛教用語為「正覺」、「佛道」，簡單講就是：悟
道（達到佛的境界）。

（4）俗稱「成佛」。
　　此外，就大乘佛教的修行者而言，必須先發菩提心，依
佛陀智慧積極修行六波羅蜜（菩薩道），獲得正覺的同時，
仍需同時教化眾生，使眾生得以受益。這個先發的菩提心也
叫作「發心」，而發了心也就應該勇往直前，無怨無悔。

　　這就好像台東菜市場的陳女士，二十歲發心要捐出一千
萬元協助學校辦學，到了五十歲完成心願卻又發心，要再捐
出一千萬元來濟貧。儘管陳女士並無恆產，每日靠賣菜所得

聚沙成塔完成心願，這就是真正的菩提心。

無煩惱

正覺

正智慧

佛陀境界

53 薩婆訶

語譯：圓滿完成

（1）薩婆訶梵文為savha：

・薩婆訶＝savha＝成就、圓滿完成

（2）savha鳩摩羅什譯為「僧莎呵」，玄奘法師譯為「薩婆訶」，坊間一般多採薩婆訶音譯。

心經的結論是屬於密教經典，可分為：

① 「故知般若波羅蜜多，是大神咒……真實不虛」，這段是心經結論的禮讚文。

② 「故說般若波羅蜜多咒，即說咒曰……菩提薩婆訶」，這段是心經結論的禮讚文。

①② 均是以咒語方式禮讚護持般若無上智慧。

換句話說，心經的結論中包括禮讚文和護持文，都是採取密教咒語（真言）的方式，來讚嘆和護持「心經」，並且特別在咒語中彰顯「心經」的重心所在「般若波羅蜜多」。至於「薩婆訶」除有成就、圓滿完成之意外，西元前一千年

前古印度教即已使用薩婆訶一詞，作為文末感歎詞，就像我
們參加歌劇演唱會後，心悅神怡，拍手起立大喊「安可！」
一樣。

到 達 正

滿 覺

圓

佛

羅蜜多，行深般若波羅蜜多時，得故，菩提薩埵，

在菩薩，照見五蘊皆空，度一切苦厄。無罣礙，無罣礙故，無有恐怖，

夢想究竟涅槃。

子，色不異空，空不異色，空即是色，受想行識亦復如是。

即是空，空即是色，受想行識亦復如是。

諸法空相，不生不滅，不垢不淨，不增不減，

是諸法空相，無受想行識，無眼耳鼻舌身意，無無明

空中無色，無受想行識，無無明盡，

眼界，乃至無意識界，

至無老死，亦無老死盡，

亦無老死盡，

無所得故，菩提薩埵。

第三部
玄奘法師

　　心經有十一種譯本，目前在日韓及台灣流行的心經為玄奘法師的譯本，由於玄奘法師的譯本簡明精要，二六〇字經文中，闡述了大乘「般若經」六〇〇卷「空」的精義。並以密教咒語，以強大法力頌讚般若經典的功德，因此迄今廣為流傳，不但超越宗教的藩籬，且已成為民間慰藉心靈回向親友的寶典。

　　可是您知道嗎？一千三百年前玄奘法師為窮究佛典，往返中印十八年，全賴一步一腳印，憑毅力橫跨無垠酷熱沙漠，翻越萬年積雪高山，渡湍流，過險關，遇兵盜，危機重重，終得以化險為夷，期間心經發揮巨大的助力。

　　同時，玄奘法師畢生以取經、譯經、弘法為職志，一以貫之，這種超人毅力、偉大情懷值得吾人效法。因此，吾人有必要對於玄奘法師的生平，西行取經的動機與際遇，返國譯經內容與概況加以引介。

心經與絲綢之路

‧絲綢之路（絲路）

絲路是指東方中國生產的絲綢、瓷玉等與西方生產的玻璃工藝品、毛氈等，經由歐亞大陸道路、海路進行貿易，佛教亦經由絲路流傳，而絲路亦有路上、海上絲路二途。

1.陸上絲路

路上絲路自中國長安至印度而言，可分三路──西北綠洲、北方草原、西南絲路，例如：

‧法顯法師－走北方草原絲路

長安－敦煌－樓蘭－和闐－葱嶺－阿富汗－巴基斯坦－印度，十五年後由海上絲路返國。

‧玄奘法師－走西北綠洲絲路

長安－敦煌－高昌－庫車－天山山脈－吉爾吉斯坦－土耳其斯坦－阿富汗－印度，十九年後原則上由原路返國。

2.海上絲路

廣州－印尼－馬來西亞－錫蘭－印度，返國相同。

・心經與絲路

　　隨著歐洲中亞與亞洲經由絲路貿易的興盛，佛教亦隨之東傳，心經的譯者或為來自印度的高僧，或為中國前往印度的高僧，均經由絲路往返，可見心經與絲路關係的密切。

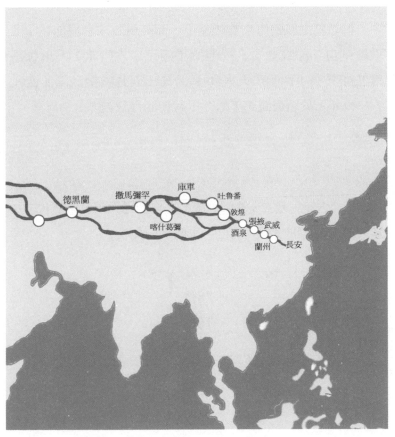

02 印度取經有去無回

·印度取經蔚為風潮

　　佛教經由絲路傳來為時甚早，而高僧為求真理前往印度取經則自三國魏僧朱士行創始（西元二六〇年），東晉高僧法顯其次（西元三九九年），其三則為玄奘法師（西元六二九年）於唐貞觀三年西行，其後西行取經即蔚為風潮。

·西行取經危機重重

　　根據古籍記載玄奘法師返國後，自西元六四一年至七一九年取經風潮期間返國、病亡、未歸狀況如次：

1. 返國————————8位
2. 病亡————————28位 }　　共52位
3. 未歸（下落不明）—16位

西行者五十二位僅有八位返國，風險之大可以想見。

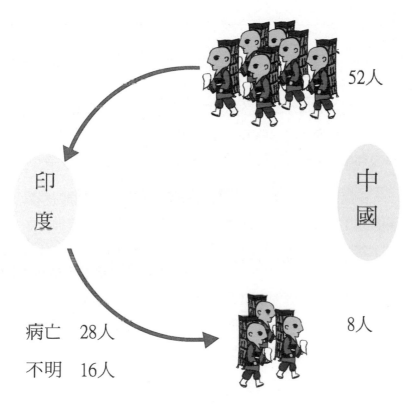

52人

印度

中國

病亡　28人
不明　16人

8人

年少聰穎破格為比丘

　　玄奘法師俗姓陳，名褘，字玄奘，為河南省陳留縣人，生於書香之家，兄弟四人，法師為四男，幼年隨父學習孝經兼及儒學，由於法師聰穎過人，親友咸認為他日必成大器。

　　嗣隨已出家的次兄長捷暫住洛陽淨土寺，法師誦習佛教經典幾乎過目不忘，兄長驚嘆之餘深信法師他日必成佛學大師。當時適值隋末，政府在洛陽招募十四人剃度為僧，應徵者數百人，玄奘因年僅十三歲無法應試而在試場外徘徊。當時主考官大理卿鄭善果素有伯樂之稱，詢問玄奘後見玄奘氣宇非凡，粗通佛經但卻志氣超人，乃破格錄用，並對其他官員表示，有朝一日玄奘必然成為佛門大器，欣慰不已。

　　其後隋朝滅亡，天下動亂，洛陽兵荒馬亂，法師雖年僅十三，卻勸兄長以當時唐高祖已在長安稱帝，歸順者眾，乃前往長安。又以成都高僧雲集，物資相對豐富為由，偕同兄長前往成都空慧寺，潛心研究。

破格錄取

玄奘大師

精研佛經兼及儒學

　　玄奘法師兄長長捷精通佛教經典，講授「涅槃經」、「攝大乘論」、「阿昆曇」等，此外，對於中國典籍諸如老莊及儒學亦鑽研極深，因此，兄長長捷深受成都信眾喜愛與尊崇，而在兄長教誨下，聰慧過人的玄奘法師無論佛儒各學亦漸精通。

　　西元六二二年，玄奘法師二十歲，在成都正式受具授任僧職，此時玄奘法師已通諸多佛經，而長安當時政治已告穩定，佛法漸受重視，當時中國精通大小乘的高僧法常、僧弁正在長安講學，天下學僧信眾慕名而來，絡驛不絕，誠可謂冠蓋雲集。

　　玄奘法師聞訊當即前往長安，追隨二師研究佛經，由於玄奘聞一知十、聰穎過人，二師驚奇之餘均慨嘆玄奘，認為玄奘為佛門千里馬，來日弘揚佛法非玄奘莫屬。

他是佛門千里馬！

玄奘大師

　　玄奘法師追隨法常、僧弁二師鑽研佛經，智慧增長，見解深具，聲譽普及長安。其後為增長見識，玄奘法師乃巡迴各地會晤高僧，聆聽說法，細思其釋義，以便窮究佛經真正意義。

　　然而，玄奘法師發覺經典解析眾說紛紜，對照經典亦常見矛盾之處，究竟孰是孰非令人無所適從。玄奘法師為徹底瞭解真義所在，解決眾說紛紜所造成的矛盾性，乃思效法晉朝法顯法師前往印度取經解惑，法師時年二十六歲。

　　玄奘法師當即上表申請，擬經由北方綠洲絲路前往印度求法，當局則以唐朝成立未久，西域一帶仍在突厥外族控制中，朝廷無力保護國人安全，因此禁止國人出國旅遊，印度求法亦在禁止之列。

　　面對此一禁令，玄奘大師仍以求法心切，加以國內高僧咸認為玄奘西行不僅可以取經追求真義，尚可以與西方高僧切磋佛法，乃毅然微服西行，時為西元六二九年八月（唐貞觀三年）。

印度

06

九死一生，心經救法師

　　印度取經不但要經過西域、中亞面臨異族統治的政治風險，而且長途跋涉橫越無垠沙漠、終年積雪的高山、雨後滾滾的大河尤為艱辛危險，其間置身荒郊，如遇強盜則可能命喪九泉之下。

　　然而西行期間，無論面臨任何困難與危險，玄奘法師必然口誦「般若心經」，危機均得化解。例如玄奘法師在西出陽關（玉門關），在橫渡八百里莫賀延磧飲水時，不慎遺失飲水皮袋，五天四夜無水可沾，終於昏厥磧地，迄半夜涼風吹來法師恢復意識，乃口誦心經，並牽馬前進，孰知馬隻竟然半走半跑無法制止，數里之後竟然到達綠洲，青草泉水使玄奘法師人馬獲救，心經助力實際上有其緣由。

　　話說：昔日法師在四川成都空慧寺修習佛經，某日遇一病人身長褥瘡，衣著破舊，法師見狀，當即返寺攜帶衣物食物與藥膏給予病人，病人感激之餘，即將心經贈予法師，並言如遇危難口誦心經可得助力。此番法師莫賀延磧九死一生得以安然渡過，心經助力可為明證。

高昌國王敬愛法師卻成空

　　玄奘法師自新疆莫賀延磧脫險後，即到達伊吾國（今為新疆哈密），伊吾國王招請法師入宮供養聆聽法師說法。消息傳至高昌國（新疆吐魯番），當時高昌國王麴文泰篤信佛教，立即派遣使者將法師迎接至宮中。

　　高昌國王自法師到達後，早晚均率同重臣家眷聆聽法師說法，十餘日後，法師向國王表達繼續西行的意願。孰知國王以高僧難得，要求法師長住在高昌國弘揚佛法。法師認為高昌國內已有法師及僧眾千人亦通經典，然而國王仍以法師深通佛法眾人皆知，而堅持要法師留下，法師因西行之意極為堅定乃以絕食表明心意。四日後法師氣息轉弱，國王深感惶恐乃應允法師西行，不過國王與法師約定，將來取經返國，法師當在高昌國弘法三年。

　　高昌國王因與西突厥葉護可汗及西域二十四國關係密切，乃草擬多封公文以及綾絹果物為禮物，並為法師製作登山用具，另送法師黃金百兩、銀錢三萬、綾絹百疋作為法師往還二十年經費；此外還送法師三十匹馬，人手二十五人，並由御史親信為前導前往可汗衙帳。

高昌國王對法師的敬愛由此可見一斑。可惜法師取經返國時，擬前往高昌國時獲知，高昌國已為唐軍所滅，而成為一片廢墟，令法師唏噓不已。

168

一看就懂的圖解心經

　　法師在高昌國王協助下，順利到達阿耆尼國（新疆焉耆），該國有河穿域並有塞外江南之稱。西行渡河即到達屈支國（新疆庫車），國王及阿奢理兒寺高僧前來迎接，次日法師前往阿奢理兒寺，座落城西北方，有僧眾數千。惟為小乘佛教屬說一切有部，文字師承印度，經教戒律亦然，且不禁三淨（可食用三種淨肉）。

　　法師原擬西行，卻以通過天山山脈的雪路未通而在屈支國觀光、說法二月餘，其後西行通過砂磧地到達跋碌迦國（新疆阿克蘇），次日即出蔥嶺北隅的凌山，開始攀登天山山脈。

　　天山山脈高達四千公尺終年積雪，山道崎嶇，冰天凍地，時見雪崩，危險萬分。七日之後法師一行人費盡千辛萬苦終於橫越天山，然而隨從人員病凍而死近半，牛馬則泰半凍死。試想以今日現代化裝備登山仍然相當危險，千餘年前，登山設備簡陋，經驗貧乏，登山風險可以想見。

突厥可汗挺身護法師

　　橫越天山山脈即見巨湖名為清池（熱海）終年不凍，強風吹來水浪高達數丈。西北前進不久但見無垠草原，旋即到達素葉城（吉爾吉斯坦境內），並由高昌大使帶領下攜帶國書、贈品晉見突厥的葉護可汗，法師進入突厥衙帳，但見可汗金髮碧眼、身材雄偉，額頭綁絹束住垂腰長髮，令人敬畏。

　　當時突厥人信奉拜火教，不用胡床亦不燃火，而以厚氈鋪陳並席地而坐。可汗得知法師原為中國的佛教高僧，乃賜法師素食，並請法師說法，法師當即就佛法基本教義，諸如十善、六波羅蜜多、涅槃等扼要解說，可汗聽法額手稱慶、心生歡喜。

　　可汗原擬請求法師長駐說法，然知法師西行心意堅決，乃命軍中精通中國語與西域諸國語言之青年為翻譯官，除製作送交各國國書外，並命其伴送法師至迦畢試國（阿富汗的巴格蘭）止。

　　當時突厥勢力及於中亞各國，迦畢試國為其勢力邊陲，過此則為印度國度，可汗敬愛法師、尊敬佛教可見一斑。遺

憾的是法師取經返國改走東北絲路未能再與可汗相逢，且當
法師返國時突厥已為唐軍所敗，可汗遁逃，而素葉城已納入
唐朝版圖。

　　法師在突厥葉護可汗派員協助下，得以順利由素葉城出發，經過千泉、白水城笯赤建國、赭時國、颯秣建國、覩貨邏國（中亞各國），並進入縛喝國、梵衍那國而到達迦畢試國（阿富汗），當時突厥的勢力範圍。

　　法師自素葉城出發到達迦畢試國止，當時為中亞，由於絲路的傳播佛教曾極盛行，除大型佛寺外，散佈各地的大小型佛像亦極常見，其中以高六〇公尺的巴米揚大佛最為出名（西元二〇〇一年被塔利班炸毀）。然而法師在一千三百餘年前，途經中亞已感覺到佛教在中亞已由盛極而衰，預期復甦實有困難。

　　事實上，中亞地區為絲路所經，加以位處樞紐，歷經古波斯大流士、亞歷山大、漢武帝、唐太宗、月支貴霜、波斯薩珊王朝、阿拉伯哈里發帝國、成吉思汗、帖木兒征戰討伐而動盪不已。因此摩尼教、拜火教、佛教、景教、伊斯蘭教此起彼落，實亦如心經所謂的「色即是空」。

第三部　玄奘法師

佛
11 印度會高僧證佛理訪佛蹟

　　玄奘法師行至阿富汗中部巴米揚國時，國王曾迎接並供養法師數日，當時，巴米揚尚有佛教寺院及僧人存在。法師旋即前往王宮東北山上參訪巴米揚大佛，高達六〇公尺。大佛東邊有一佛教寺院，寺院中有石刻佛陀涅槃臥像，長達三百公尺，佛像莊嚴絕妙，此外，阿富汗有上千佛跡存在，無法遍覽。

　　突厥葉護可汗所派遣隨從人員於抵達迦畢試國後立即返國，其後法師即獨自進入北印度那揭羅喝國，開始展開法師印證佛經及沿途造訪高僧的西行願望，暇餘則前往佛教聖蹟參觀，兼以深探民情。

　　法師一路東行經二十餘國而到達室羅代悉底國，此國城內有缽羅斯那恃多王於佛陀在世時所建王宮的遺跡，城的南方六里處則有給孤獨老人施捨予佛陀，作為說法及修行場所，雖已破損，仍然可看出當年建築的雄偉。附近尚有佛寺，僧眾數百，均言東部那爛陀寺為印度著名的佛教大學，高僧雲集，其中又以戒賢法師最為傑出。事實上玄奘法師早已熟知，並以那爛陀寺為西行主要目的地。

12

佛教大學師事戒賢法師

　　玄奘法師為早日到達印度那爛陀寺，進入佛教大學研讀，並拜戒賢法師為師以明佛法，因此乃加快腳程沿途經歷十國，佛寺佛塔甚多，相關佛陀、觀音菩薩、舍利子遺跡遍佈，法師已無心參訪，但求及早到達那爛陀寺。

　　西元六三一年（唐貞觀五年），玄奘法師到達那爛陀寺，孰知寺前已有僧侶二百餘人出來迎接，表達對法師遠從中國前來求法偉大心志的敬意。旋由高僧帶領晉見戒賢法師，戒賢法師在聞知玄奘法師來自中國而淚流滿面。眾人不解，戒賢法師即說其因緣，實以三年前戒賢法師忽患痛風，發病時手腳有如火燒，其後情況日益嚴重，戒賢法師有絕食自殺念頭。某夜，法師夢見三位天人出現，風采氣度非凡，一位自稱觀音菩薩，一位慈氏菩薩，另一位文殊菩薩則對戒賢法師說，若有中國僧侶前來則必須令其善解「瑜珈論」等正法正論，以利佛法弘揚。

　　其後戒賢法師病痛漸除，今得應驗夢見，當盡全力為玄奘法師說法解惑，以應天意。

學成歸國衣錦還鄉

那爛陀寺規模浩大，各地前來學習僧侶近萬人，除大小乘外，醫藥、數學、音韻兼學，寺內每日舉辦講座上百，所有支出均依國王勒令由百餘村的莊園供養。玄奘法師精通佛典，遠來遊學且為戒賢法師弟子特別禮遇，除日常生活所需由寺供給，免除僧務外，尚配置清掃夫一人與婆羅門一人，外出時尚可乘象。

那爛陀寺師事戒賢法師五年，玄奘法師不但精通大小乘經典，甚至婆羅門書籍亦甚瞭然。玄奘法師因此經戒賢法師認同後，開始在印度全國巡禮，增長見聞、切磋佛法為期四年，又返回那爛陀寺，並向戒賢法師表明返國弘法意願。戒賢法師深表贊同並告知國王，國王則備妥大象、隨從、日用品、金銀財寶恭送法師返國。

玄奘法師向唐太宗皇帝提出返國申請亦經核准。乃於西元六四四年（貞觀十八年）動身由原路返回。次年一月七日玄奘法師抵達長安，當時長安太守房玄齡率文武官員隆重迎接，市民則夾道歡迎，面對此一盛況，玄奘法師十八年來辛苦備嚐終有代價。

179

第三部 玄奘法師

14 譯經弘法振興佛教

　　玄奘法師以二十二匹馬自印度馱運大批佛教寶物回國，包括：

1. 釋迦如來肉舍利　一五〇顆
2. 金銀檀木佛像　八尊
3. 原始佛教及大小乘佛教經典　六五七部

　　就佛教而言，梵文經典的取得可以斧正矛盾與爭論，新經典的漢譯則可弘揚佛法，值得重視的是，佛教後來自印度消失，經典佚失，原始佛教經典卻在中國廣為流傳並遍及日本、韓國及東南亞各國。

　　唐太宗深信佛教，加以政治安定天下太平，中國適值「貞觀之治」，太宗乃請法師在長安弘福寺翻譯佛經，所需人力物力均由房玄齡統籌，譯經絕非易事，需有大批人力，以玄奘法師為例，譯經人力依序為口譯（玄奘法師一人）、筆授（確定漢字並予書寫）與證義（草稿是否有筆誤，計十二人）、字學（梵文音譯為漢字是否妥當，一人）、證梵語梵文（對照梵文與譯文，一人）、綴文（漢譯文字潤飾，九人）。實際上參與翻譯團隊成員達五十四人，其中四十四人為僧侶。

玄奘法師自西元六四五年開始譯經迄六六四年圓寂止，十九年間未曾間斷，此舉不但使玄奘法師名留千古，並且奠定了中國成為佛學中心的地位。

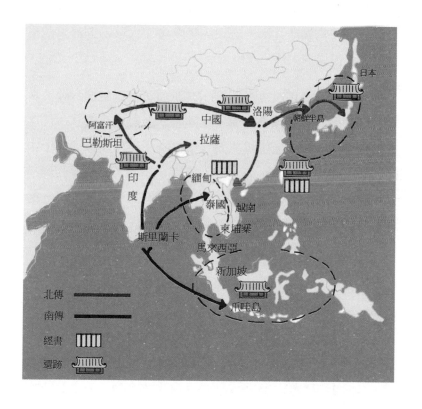

三藏法師名揚千古

　　玄奘法師自幼聰穎過人且好學不倦，無論佛學、儒學、老莊、墨子均鑽研甚深，嗣以因緣際會在大理卿鄭善果破格錄用下，得以進入佛門深研佛法。

　　其後為追求正法決意西行，渡新疆莫賀延磧遇危難，幸賴心經解困厄。旋獲高昌國王修國書送金錢派員護送，得以攀越天山山脈，過天山達素葉城會見突厥可汗又修國書予中亞各國，並資助人員金錢至印度邊境。法師入印度順利到達那爛陀寺的佛教大學，擔任戒賢法師入室弟子五年學成，旋即遊學印度，返回那爛陀寺後即決定返回，在國王資助護送下得安然返抵國門，迄圓寂前翻譯經書未曾間斷。

　　值得吾人效法的是，玄奘法師追求真理、翻譯佛經、弘揚佛法終其一生未曾間斷的決心與毅力，而每遇挫折甚至危難，則玄奘法師必然口誦心經以求心定，危難挫折因而化解。這也造就玄奘法師翻譯的心經簡明扼要，二六〇字卻是字字珠璣難予增減。此外，玄奘法師所譯心經，長久以來在佛教界及民間已廣為流傳，影響深遠、無出其右。因此，吾人可說有心經則玄奘得以安然西行，而西行返國，則使玄奘法師漢譯心經得以遍佈世界！

西方取經 追求真理

佛法 研鑽 取經 返國

譯經無數 弘法無邊

西安大慈恩寺　玄奘法師像

觀自在菩薩，行深般若波羅蜜多時，照見五蘊皆空，度一切苦厄。舍利子，色不異空，空不異色，色即是空，空即是色，受想行識亦復如是。舍利子，是諸法空相，不生不滅，不垢不淨，不增不減。是故空中無色，無受想行識，無眼耳鼻舌身意，無眼界，乃至無意識界，無無明，亦無無明盡，乃至無老死，亦無老死盡，無智亦無得。以無所得故，菩提薩埵，依般若波羅蜜多故，心無罣礙，無罣礙故，無有恐怖，遠離顛倒夢想，究竟涅槃。

第四部
心經字帖

　　佛經裡說：「書寫經書一行半句，能夠成就大願。」寫經的功德在諸多佛教經典中也一再被提及，言其功德殊勝，好處極為不可思議。

　　此外，抄寫佛經等於向佛學習、向覺者學習，藉著寫經，安頓自心，養成禪定功夫而生智慧，達定心、安心的力量，並融入生活當中。同時，我們說要手到，口到還有心到，透過持續寫經讓心經自然而然留存心中，祝福意念伴隨你身。

　　切記，寫經的時候，務必要以最虔誠、恭敬的心來抄寫，並且最好先誦讀過一遍，另外，書寫時字體要工整，最好用正楷書寫，集中精神，專心一志，並持之以恆，千萬不要半途而廢。

　　本書特別收錄兩位古代書法名家「王羲之」以及「歐陽詢」的心經拓本，讓讀者感受名家風範，亦提供硬筆字版空白頁，讓讀者開始持續寫經的習慣，相信一定能感受到身心的輕鬆，日常的一切也都能受到「心經」的祝福。

歐陽詢心經拓本

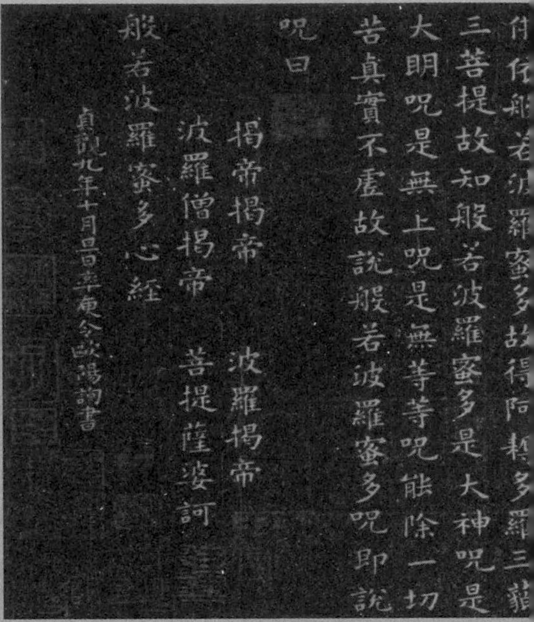

般若波羅蜜多故得阿耨多羅三藐
三菩提故知般若波羅蜜多是
大明呪是無上呪是無等等呪能除一切
苦真實不虛故說般若波羅蜜多呪即說
呪曰
揭帝揭帝　波羅揭帝
波羅僧揭帝　菩提薩婆訶
般若波羅蜜多心經
貞觀九年十月日率更令歐陽詢書

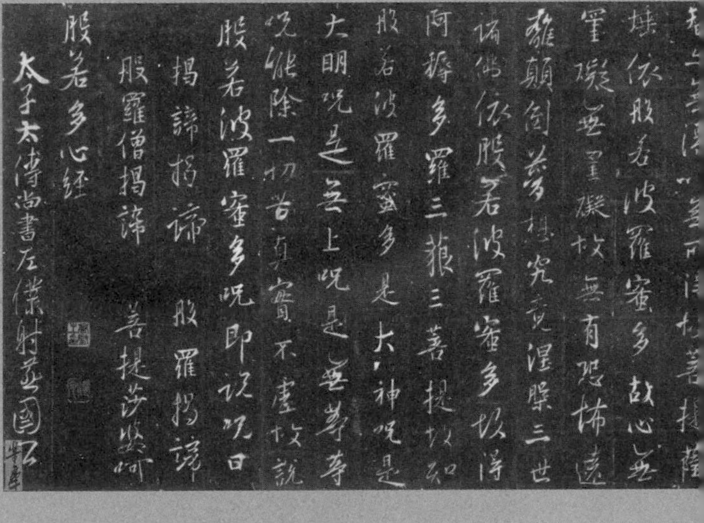

愰倚依般若波羅蜜多故浮
阿耨多羅三藐三菩提故知
般若波羅蜜多是大神呪是
大明呪是無上呪是無等等
呪能除一切苦真實不虛故說
般若波羅蜜多呪即說呪曰
揭諦揭諦　波羅揭諦
波羅僧揭諦
菩提薩婆訶
般若多心經
太子太傅尚書左僕射燕國公

唐歐陽詢書

般若波羅蜜多心經

觀自在菩薩行深般若波羅蜜多時照見
五蘊皆空度一切苦厄舍利子色不異空
空不異色色即是空空即是色受想行識
亦復如是舍利子是諸法空相不生不滅
不垢不淨不增不減是故空中無色無受
想行識無眼耳鼻舌身意無色聲香味觸
法無眼界乃至無意識界無無明亦無無
明盡乃至無老死亦無老死盡無苦集滅
道無智亦無得以無所得故菩提薩埵依

王羲之心經拓本

觀自在菩薩行深般若波羅
蜜多時照見五蘊皆空度一
切苦厄舍利子色不異空空
不異色色即是空空即是色
受想行識亦復如是舍利子
是諸法空相不生不滅不垢
不淨不增不減是故空中無
色無受想行識無眼耳鼻
舌身意無色聲香味觸法

手寫心經硬筆字版
心經

觀自在菩薩，行深般若波羅蜜多時，
照見五蘊皆空，度一切苦厄。
舍利子，色不異空，空不異色，
色即是空，空即是色，受想行識亦復如是。
舍利子是諸法空相，不生不滅，不垢不淨，不增不減，
是故空中無色，無受想行識，無眼耳鼻舌身意，無色聲香味觸法，
無眼界，乃至無意識界，無無明，亦無無明盡，
乃至無老死，亦無老死盡，
無苦集滅道，無智亦無得，以無所得故，菩提薩埵。
依般若波羅蜜多故，心無罣礙，無罣礙故，無有恐怖，
遠離顛倒夢想，究竟涅槃。
三世諸佛，依般若波羅蜜多故，得阿耨多羅三藐三菩提，
故知般若波羅蜜多是大神咒，是大明咒，是無上咒，是無等等咒，
能除一切苦，真實不虛，故說般若波羅蜜多咒，
即說咒曰：「揭諦，揭諦，波羅揭諦，波羅僧揭諦，菩提薩婆訶。」

觀 自 在 菩 薩 行 深 般

若 波 羅 蜜 多 時 照 見

五	蘊	皆	空	度	一	切	苦

厄	舍	利	子	色	不	異	空

空	不	異	色	色	即	是	空
空	即	是	色	受	想	行	識

亦 復 如 是 舍 利 子 是

諸 法 空 相 不 生 不 滅

不垢不淨不增不減

是故空中無色無受

想	行	識	無	眼	耳	鼻	舌

身	意	無	色	聲	香	味	觸

法	無	眼	界	乃	至	無	意
識	界	無	無	明	亦	無	無

明	盡	乃	至	無	老	死	亦

無	老	死	盡	無	苦	集	滅

道 無 智 亦 無 得 以 無

所 得 故 菩 提 薩 埵 依

般	若	波	羅	蜜	多	故	心
無	罣	礙	無	罣	礙	故	無

有 恐 怖 遠 離 顛 倒 夢

想 究 竟 涅 槃 三 世 諸

佛依般若波羅蜜多

故得阿耨多羅三藐

三 菩 提 故 知 般 若 波

羅 蜜 多 是 大 神 咒 是

大 明 咒 是 無 上 咒 是

無 等 等 咒 能 除 一 切

苦真實不虛故說般

若波羅蜜多咒即說

咒曰揭諦揭諦波羅

揭諦波羅僧揭諦菩

提薩婆訶

活得好 062

一看就懂的圖解心經〔手寫心經祝福增訂版〕

讓你看懂、念誦、手寫《心經》，同時一次解答所有你對心經的疑惑

作 者	李儀坤
繪 圖	李寧蓁
顧 問	曾文旭
統 籌	陳逸祺
主 編	陳蕙芳
執行編輯	翁芯俐
封面設計	李依靜
法律顧問	北辰著作權事務所

印 製	世和印製企業有限公司
一版十刷	2014年09月
二版六刷	2019年07月
三版四刷	2022年12月
出 版	凱信企業集團—凱信企業管理顧問有限公司
電 話	(02) 2773-6566
傳 真	(02) 2778-1033
地 址	106 台北市大安區忠孝東路四段218之4號12樓
信 箱	kaihsinbooks@gmail.com

定 價	新台幣320元／港幣107元
產品內容	1書

總 經 銷	采舍國際有限公司
地 址	235 新北市中和區中山路二段366巷10號3樓
電 話	(02) 8245-8786
傳 真	(02) 8245-8718

國家圖書館出版品預行編目資料

一看就懂的圖解心經（手寫心經祝福增訂版）/ 李儀坤著. -- 三版初版. -- 臺北市：凱信企管顧問，2020.12 面 ；　公分
ISBN 978-986-99393-6-2(平裝)
1.般若部

221.45　　　　　　109014799

看懂心經，災難必定消除。

看懂心經，災難必定消除。